Fernandel
mon grand-père

Vincent Fernandel

Fernandel mon grand-père

Jean-Pierre Taillandier

Midi Pile - 10, place Vendôme - 75001 Paris

Mes plus profonds remerciements à :

Jean-Pierre Taillandier,
dont la confiance, le dévouement et l'humour
furent le bel écrin de notre collaboration.

Jean-Marie Salameh, dit "Liban boy",
l'homme au pantalon de cuir,
aux idées d'argent et à l'authenticité d'or.

Jean-Pierre Dartois, dit "Clint",
l'inimitable émetteur chic d'ondes de choc.

Nathalie Faucher, dite "la panthère",
dont le rire fut la résonance complice de mes
blagues marseillaises pendant nos séances de travail.

Charles-Axel Vollard, dit "le futé",
qui améliora ma tronche grâce à
ses talents de photographe empreints d'amitié.

Ce soleil du midi qui décupla
les fou-rires partagés avec cette belle équipe.

Franck, mon père,
ma plus grande source d'inspiration.
Corinne, ma mère, qui fit jaillir la lumière
des tiroirs sombres et de mes idées noires.
Toute ma tendresse à eux deux.

Ma "A-team" pour tous ces grands moments qui se
"déroulent sans accroc", une pensée spéciale.

Ce livre est dédié à ma sœur Manon

ainsi qu'à Maria-Ottilia Querino.

CONTANDIN Vincent
Franck, Jean
dit Vincent FERNANDEL
CONTANDIN Manon
Maria-Ottilia
CONTANDIN Franck
Gérard, Ignace
dit Franck FERNANDEL
épouse DELAHAYE Corinne,
Jacqueline, Antoinette, Marie
CONTANDIN Fernand
Joseph, Désiré dit FERNANDEL
épouse MANSE Henriette, Félicie
CONTANDIN Denis
Charles dit SINED
épouse BÉDOIN Désirée, Françoise
CONTANDIN Auguste
Hyppolite
épouse MAGLIONE Blanche
CONTANDIN Thomas
épouse PASCAL Marie
Magdeleine, Victoire
CONTANDIN François
Jacques
épouse PASTIÉ Jeanne

CHAPITRE 1

Le Marseillais monégasque

Je porte quelque chose de lourd… Je suis né à Monaco ! Loin de moi l'idée d'en faire un drame, j'aurais pu naître dans un endroit bien pire. Mais la ville qui m'a vu grandir, accepte mal cette petite infidélité. Comment vous expliquer ? Dans mon cas, c'est presque une trahison que d'avoir connu l'écume de la French Riviera avant la rayonnante Bonne Mère ! Je suis revenu dans la ville qui a vu naître ma famille depuis dix générations pour retrouver mes racines. A moins qu'elles ne soient venues me chercher sur le Rocher monégasque pour me ramener jusqu'à MA principauté. Marseille. Vous l'aviez deviné, naturellement. En tous cas, croyez-moi, j'ai fait tout ce qu'il fallait pour faire oublier ma petite "trahison". J'ai pris ce que l'on appelle bêtement l'accent, car "si je vous disais, après tout, gens du Nord, que c'est vous qui pour nous semblez l'avoir très fort." Toute ressemblance avec un poème de Zamacoïs ne serait absolument pas fortuite.

L'accent du midi, c'est formidable. Pour moi, c'est un passeport universel. Quand vous parlez avec, les gens ont toujours un peu l'impression d'être en vacances. J'ai commencé aussi à parler avec les mains avant même de savoir dire un mot. Cela peut vous sembler bien contradictoire mais, chez nous, les gestes sont les prémices et la ponctuation obligatoire de nos discussions ! Parfois, on peut même se comprendre par leur seul intermédiaire sans ouvrir la bouche. J'ai aussi pour moi de manier le basilic, l'ail et l'huile d'olive avec la même habileté que le patois provençal. C'est-à-dire avec une adresse toute relative, je l'avoue. Mais comment peut-on se servir de ses mains pour parler et cuisiner en même temps ? Impensable voyons ! A force d'un apprentissage culturel acharné, après des heures à écouter pousser les tomates, à contempler les calanques, à parler avec les vieux, pastis à la main, bref après tant d'activités harassantes, Marseille a bien voulu me pardonner de ne pas avoir vu le jour dans ses bras. Une confidence, puisqu'on est entre nous : toutes ces coutumes de mon Midi, je ne les ai jamais apprises, je les ai toujours connues. C'est peut-être dans les gènes. Sans faire de chauvinisme, il est rare de trouver plus provençale que ma famille. La famille Fernandel, tout simplement. Depuis ma plus tendre enfance, j'ai vu la "gueule" de mon grand-père, Fernandel, à la télévision, et entendu la voix de mon père, Franck, sur des disques. Tout cela s'est imposé à moi avec une banalité que peu de gens peuvent saisir. Vous allez comprendre. Grâce à une anecdote, qui est arrivée à mon père, lorsqu'il avait dix ans. Son père était venu pour la première fois à la kermesse de fin d'année, à l'école du quartier de la Plaine, là où Franck était scolarisé. Un copain lui demande : "Quel effet ça te fait de voir ton père sur les affiches de ciné ?" Franck lui répond : " Qu'est-ce qu'il fait le tien ?" "Il est boucher." "Et quel effet ça te fait de le voir couper des côtelettes ?" "Rien" "Voilà !", conclut mon père. Et je peux vous garantir que, cinquante ans après, si la même histoire m'arrivait, je ne répondrais pas autre chose ! Peut-être que certains d'entre vous pensent qu'en portant ce nom, on s'éloigne des joies simples de la vie. Comme ce couillon qui la dernière fois, nous a sauté dessus, à mon père et à moi, alors que nous faisions notre marché à Aubagne. Il nous a demandés, assez agressivement : "Mais vous les Fernandel, vous n'avez pas des gens qui s'occupent de faire les courses à votre place ?" On lui a répondu que non, et le gars est parti, déçu. C'est bien rare que l'on nous sorte des trucs pareils, mais ça me fait rigoler. Personnellement, je suis plus heureux devant une bonne bouteille de Rosé de Gémenos, attablé au bistrot de quartier avec des amis, plutôt qu'à pavaner dans des soirées mondaines. Je sens que certains se disent que je suis un peu menteur. A Marseille, il peut nous arriver d'enjoliver, mais jamais de mentir. Ca y est, maintenant j'ai envie de vous raconter la famille. Sans mes mains qui gesticulent pour vous parler. Vous savez, nous ne sommes qu'une famille ordinaire à laquelle il est arrivé quelque chose d'extraordinaire…

CHAPITRE 2

Une famille et mille roses

Nous sommes au début du mois d'août. Une saison bien banale la plupart du temps. Sauf dans le Midi et encore moins aux "Mille Roses". Les "Mille Roses", c'est là que tout commence. Dans cette grande propriété aux cèdres bleus tricentenaires majestueux et aux bâtisses cimentées de souvenirs. Cette propriété est, je crois, le plus beau cadeau que mon grand-père ait pu faire à ma grand-mère, Henriette, en 1934… Il y fit planter mille rosiers - d'où le nom ! - pour cette femme qu'il connut à l'âge de huit ans alors qu'il débutait à peine sur les planches marseillaises en reprenant les chansons des troupiers de l'époque. Et il ne se doutait pas qu'à chaque printemps, ce serait du bonheur qui éclorait avec ces fleurs. C'est un peu son prolongement. Comme pour dire à ceux qui passent le portail qu'il rit avec eux, entre deux parties de pétanque avec le bon Dieu. Et moi, j'ai parfois une étrange sensation. Comme l'impression qu'à l'ombre de mes platanes, il y aura toujours un coin tranquille où nous pourrons converser tous les deux. Cette espèce de présence que je ressens au détour des allées. Comme si on se baladait ensemble. Et que lui, avec les tempes grises et l'aplomb d'un patriarche, me racontait sa vie avant de répondre aux questions que je me pose sur la mienne. Un grand-père ordinaire, éloigné définitivement des studios et jouant son dernier rôle sans costume ni maquillage, lui et moi en tête d'affiche, ou plutôt en tête-à-tête. Mais le grand scénariste de l'Univers l'a rappelé le 27 février 1971, après 68 ans de bons et loyaux services, en laissant Fernandel au public et Fernand, Joseph, Désiré, Contandin à sa famille qui ne cesse de s'agrandir. Au départ, il y a eu ses enfants : Franck - est-il utile de le présenter - Janine et Josette, mes deux tantes et sœurs aînées de mon père. Josette s'est mariée très jeune, dans la bonne tradition, et a donné naissance à Martine qui engendra elle-même Caroline qui, aujourd'hui, est l'heureuse maman d'Eva et Théo, les arrière-arrière-petits-enfants de Fernandel ! Janine, elle, a préféré aller de conquêtes en conquêtes, sans jamais poser ses valises. Elle vivait pour l'art et la littérature, peintre à ses heures. Josette joua très jeune aux côtés de son père en 1936 dans un film de Christian Jaque, intitulé tout simplement "Josette". Elle avait dix ans. Mon grand-père a été ensuite submergé de propositions pour sa fille. Mais il était hors de question "qu'une femme de sa famille fasse ce métier". Josette a donc respecté la décision paternelle, privant le cinéma français d'une actrice sans doute exceptionnelle. Avec l'accent du midi, ce qui ne gâche rien. Janine, née à

Paris, n'a pas vraiment l'accent. Uniquement quelques intonations. En revanche, c'est le portrait craché de son père. Elle l'assume mal mais fait montre d'un humour constant, teinté de désespoir.

Et puis, il y a mon père, qui après 47 ans de célibat (même s'il n'avait de célibataire que le nom) a décidé de "faire un petit". Arrivé à ce virage important de la vie, il craignait "d'être gaga" quand son gosse aurait 20 ans. "Gaga" dans le Midi et dans ce cas précis, signifie être sénile avec le béret, les charentaises, sans oublier le pantalon en velours côtelé. Je vous rassure, j'ai dix-neuf ans, et il n'est pas "gaga". C'est vrai, il reste encore un an avant que sa prédiction ne se réalise, mais il n'en prend pas le chemin. On croit souvent que je suis fils unique. Faux. Je cache un trésor que tout le monde ne peut pas se vanter d'approcher. Cette merveille s'appelle Manon. Ma petite sœur, de neuf ans ma cadette. J'en parle peu car je préfère la laisser à ses jeux de gamine au lieu de l'exposer si jeune. Ayant été moi-même confronté tout petit aux flashs des photographes - ce qui n'a pas fait de moi une star pour autant ni ne m'a donné la grosse tête - je pense qu'elle a tout à gagner en restant, pour l'instant, dans l'anonymat. Elle veut devenir éleveuse et consacrer sa vie aux animaux. Peut-être sera-t-elle chanteuse, boulangère ou gouvernante. Allez savoir, elle fera ce qu'elle veut. Je ne ferai jamais peser sur elle la lourde responsabilité de notre nom en l'investissant de la mission d'exercer une profession artistique quelconque, sous prétexte qu'elle est l'héritière directe de Fernandel. Tout ce que je peux lui souhaiter, c'est un avenir champêtre entre les biquettes et les ânes de sa ferme. Ce ne sont pas eux qui viendront lui demander des comptes sur sa famille !

CHAPITRE 3

Le parrain et l'insomniaque

Je suis revenu à Marseille pour l'été. Dans l'année, je vis dans les brumes du pôle Nord. Paris. Vous savez, pour nous les Marseillais, à partir de Lyon, c'est déjà le Pas-de-Calais ! Dans la capitale, les Parisiens me disent souvent, avec un sourire rêveur que l'on n'attend pas d'eux, que j'ai une sorte d'accent. Ça les rend tellement gentils que j'ai fini par les croire. J'en use dès que je peux… Il faut dire que ça amène beaucoup de faveurs. Voyez-vous ce que je veux dire ?

J'arrive enfin devant le portail des "Mille Roses". Je sais que sur la terrasse," il "doit m'attendre en se faisant du souci. Pour peu que je me sois trompé de train et que je sois arrivé en Norvège. "Il", c'est le maître des lieux qui, lorsqu'il entendra mes pas sur le gravier, fera mine d'avoir presque oublié mon arrivée pour sembler détendu. Il fumera sa cigarette, le regard dans le vague sur la propriété, l'oreille occupée par le chant des cigales. Ca n'a pas raté !

Il est sur la terrasse et il ne m'a même pas entendu. "Oh ! Papa, ça va ?" "Oh ! Tu es déjà là ?" Le "parrain" se lève de sa chaise. Je le surnomme ainsi parce qu'il en a toutes les apparences : les cheveux gris argent, la carrure imposante dépoitraillée, la chemise à grand col italien, la démarche assurée. Il ne lui manque plus que le vrai borsalino, qu'il a d'ailleurs dans son placard, pour compléter son côté "truand". Il s'inscrit dans la lignée des grosses personnalités qui se sont succédées au fil du temps aux "Mille Roses". C'est le dernier "survivant" d'une époque. Ou plutôt le trait d'union entre la génération de mon grand-père et la mienne. On lui dit souvent qu'il fait partie du patrimoine. Quel compliment extraordinaire ! Et puis, toute sa vie il s'est fait l'ambassadeur de la Provence, à travers ses chansons et son métier. Je vous en parlerai plus tard.

Nous voici sur cette fameuse terrasse où les Pagnol, Raimu, Gabin, Bourvil et tous ces monstres sont venus dîner ou jouer à la pétanque, sous les yeux d'enfant de mon père. Cette terrasse où mon grand-père prenait son pastis entouré des siens. Cette terrasse où aujourd'hui, c'est toujours la fête. Où l'on parle de lui. Où mon père me raconte toutes les histoires dont je vais m'improviser le conteur dans ce livre.

Je pose mes valises dans ma chambre qui était autrefois celle de mon grand-père. Ca me fait penser à son réveil matinal, acte quotidien qu'il transformait, malgré lui, en vrai spectacle. Il était insomniaque et se levait toujours le premier vers cinq heures. Il prenait un café au lait tous les matins, qu'il supportait très mal. Mais il aimait trop ça pour se résigner à ne plus en boire. Arrivait six heures. Le journal était sous la porte. La lecture des nouvelles comptait beaucoup pour lui car il trouvait toujours un article qui retenait particulièrement son attention. Et évidemment, toute la famille devait en profiter sur-le-champ. C'est-à-dire qu'à l'aube, mon grand-père faisait le tour des chambres pour déclamer à sa femme et à ses enfants, encore profondément endormis, l'article du jour. Détail amusant, il se coiffait avec de la brillantine, un gel capillaire très gras, et ne l'enlevait jamais avant de se coucher. Résultat, le matin, le produit ayant séché, il était "espéloufi" - avait les cheveux droits sur la tête - pendant qu'il cavalait en pyjama dans toutes les pièces de la maison. Evidemment, personne n'écoutait sa lecture du journal ! Ce qui le mettait dans une colère noire. Il fonçait dans la salle de bains pour faire sa toilette en hurlant : "Je suis Fernandel et ma propre famille ne m'écoute pas ! Je ne suis bon qu'à faire du fric, sinon tout le monde s'en fout !" Et c'était la valse des savonnettes et des brosses à dents jetées de rage contre les murs. Après, tout était terminé. Et si quelqu'un, à la table du petit déjeuner, faisait un peu la tête, il disait : "Et alors, vous êtes fadas ou quoi, c'est parce que j'ai un peu crié que vous tirez la tronche ?" C'est vrai, il avait son caractère bien trempé et ses coups de gueule qui, bien que fréquents et explosifs, n'étaient jamais méchants. Il était méridional, ne l'oublions pas !

Un autre exemple. Ma grand-mère avait engagé un jardinier pour couper des broussailles autour de la maison. Il arrive vers sept heures du matin avec son outillage, et se met à l'ouvrage en s'égosillant sur la chanson de Luis

Mariano "Mexico". Au milieu du premier couplet, le pauvre gars voit Fernandel, toujours avec les cheveux droits sur la tête, ouvrir la fenêtre de sa chambre, en lançant : "Oh ! Connard, va chanter ailleurs que sous ma fenêtre !". Eh oui ! Pour une fois, mon grand-père dormait à l'heure où d'habitude il cassait tout dans la salle de bain. Le jardinier n'étant pas au courant de ses insomnies, ne prit même pas le temps de remballer son matériel avant de déguerpir. Le lendemain, mon grand-père, préoccupé, demanda à ma grand-mère : "Pourquoi le nouveau jardinier n'est pas venu ce matin ? C'est à cause de ce que je lui ai sorti hier ?" Je crois que tout est dit.
Une fois le cap du matin passé, c'était la grand messe du pastis. A onze heures précises, sur la terrasse. Tout le monde devait être là pour savourer le divin breuvage. Cet esprit de clan était pour lui d'une importance capitale. C'était son refuge en sortant des plateaux. Même en tournage, il correspondait tous les jours avec sa femme, Henriette, qui le tenait au courant de tous les événements quotidiens. Souvent, il lui arrivait de partir de longs moments loin des "Mille Roses", pour son travail bien sûr, mais il revenait toujours pour les dates importantes. Tous ses contrats portaient une clause spéciale qui mentionnait que pendant les fêtes de fin d'année, il ne tournerait pas. Pour passer Noël et le Jour de l'An auprès de sa femme et de ses enfants. Comme le dit mon père "C'était doublement Noël"

CHAPITRE 4

Lancer de bouchon à Carry-le-Rouet

Mis à part ses amis du "métier" de longue date, entendez Pagnol, Raimu, Gabin, Fernandel préférait s'entourer d'anonymes qui ne fréquentaient pas le show-biz. C'est ainsi qu'aux "Mille Roses", il n'était pas rare que le boulanger ou le pêcheur côtoie Verneuil ou Christian Jaque. Mon grand-père s'était lié d'amitié avec Pratali, le boulanger du quartier des "Trois Lucs", là où est située la propriété familiale. Ce brave type faisait du pain blanc pour la famille durant la guerre. Ça crée des liens ! Pratali était ce qu'on appelle dans le midi un peu "gainchou", c'est-à-dire qu'il avait les yeux de "biscanti". Il louchait pour faire plus simple. Naturellement, ce brave Pratali adorait jouer à la pétanque mais, à cause de son strabisme, il faisait toujours des écarts monstrueux en s'exclamant de rage "Cul pourri !" Mon grand-père le refilait toujours comme tireur à Raimu qui, lui, était un fameux pointeur. Le pauvre Pratali n'en touchait bien sûr jamais une, ce qui mettait Raimu dans une colère bleue : "Fernand, tu me l'as encore donné pour me faire perdre !" Et ça ne ratait jamais.

Fernandel avait à l'époque une bonne qui avait été gymnaste dans sa jeunesse. En apportant les plats, elle faisait systématiquement la roue ou les pieds au mur. Mon grand-père l'avait engagée pour ça car il en mourrait de rire. Un jour, Raimu dort à la maison. Pour lui monter son petit-déjeuner au lit, mon grand-père lui envoie ma tante Josette, car il n'était pas du goût de Raimu qu'on lui fasse un saut périlleux en lui apportant son café. Elle lui prépare un grand plateau bien garni qu'il reçoit en faisant mille compliments. Arrive l'heure du pastis. Raimu ne tarit pas d'éloges sur sa collation matinale : "Ah ! Fernand, tu m'as envoyé ta fille, la main des grâces, etc.... Mais elle avait oublié la cuillère et j'ai dû tourner le café avec le doigt !" Il n'avait rien dit sur le moment pour pouvoir le raconter à midi. Avec Raimu, les bonnes histoires devenaient tout un art.

Pour les vacances d'été, mon grand-père avait acheté une petite villa sur les hauteurs de Carry-le-Rouet , un port de pêche somptueux, situé sur la côte bleue, à une trentaine de kilomètres de Marseille. Cette maison nommée par ses soins "L'Oustaou de la Mar", donnait directement sur une petite crique. Un vrai coin de paradis pour le pêcheur qu'il était.

Chaque mois de juillet, c'était l'expédition. La famille partait de son côté, avec les bagages. Fernandel, lui, chargeait la batterie de cuisine complète dans une vieille 2CV, et prenait ensuite la route, seul. Il tenait à monter lui-même tout l'attirail qui servait à mijoter la daube, les pieds-paquets, et autres plats "légers". Le seul problème était qu'il conduisait vraiment comme un pied. Il roulait sans arrêt sur la file de gauche. Se croyait-il en Angleterre malgré le chant des cigales ? Inutile de vous préciser la surprise des automobilistes qui voyaient arriver Fernandel en face d'eux au volant d'une vieille bagnole remplie de casseroles. Après, ils devaient raconter qu'ils avaient frôlé l'accident avec Fernandel. Ce qui rendait l'événement certainement moins dramatique.

A Carry, il avait fait l'acquisition d'un bateau "Le Camera", avec lequel il partait pêcher tous les jours, aidé par son fidèle second, Joseph "Zé" Reynaud, un pêcheur du quartier de l'Estaque. Il sortait même par des mers démontées que Magellan lui-même n'aurait pas osé défier. Toujours très élégant, il allait taquiner le goujon en costume ! On ne sait jamais, si un poulpe l'avait reconnu. Blague à part, il ramenait toujours des quantités impressionnantes de poissons qu'il distribuait gratuitement dès son retour au port. Si bien que, certains jours, les pêcheurs de Carry ne vendaient plus rien. C'était presque un pêcheur professionnel. Un passionné qui ne tolérait pas l'échec. Un jour, une prise lui échappa. Il voulut plonger pour la rattraper. Si mon père ne l'avait pas retenu, il aurait coulé. Il ne savait pas nager ! Curieux pour un homme qui aimait tant la mer.

La maison de Carry, au-delà d'être un lieu de quiétude, a accueilli de nombreux producteurs. Souvent mon grand-père leur proposait de venir à la pêche avec lui. Les types n'osaient jamais refuser et l'accompagnaient. Aucun n'avait le pied marin, et ils prenaient vite un teint verdâtre, tout en niant leur malaise pour ne pas passer pour des marins d'eau douce. Reynaud, les voyant se décomposer, leur disait : "Mais mangez donc un morceau de pizza à l'anchois, ça vous fera passer la nausée." Ce qui avait pour effet de les faire vomir copieusement par-dessus bord. Mon grand-père, au lieu de les ramener au port, les débarquait sur une île en plein soleil pour venir les rechercher une fois sa partie de pêche terminée. Ce qui pouvait durer quatre heures, voire plus. Résultat : les producteurs revenaient avec une indigestion terrible et rouges comme des gratte-culs après leur séance de bronzage forcée. Leur seule consolation était de repartir avec le contrat signé !

C'est dans cette maison de Carry que mon grand-père reçut le scénario du "Petit monde de Don Camillo". Il le lut en un après-midi. Mon père lui demanda : "Alors, c'est comment ?" "C'est magnifique, mais je vais refuser." Il avait du mal à se faire à l'idée qu'il devait parler au Christ. Il était très croyant, et cela lui donnait l'impression de blasphémer. Julien Duvivier, le réalisateur, ne voulait pas lâcher l'affaire, car il ne voyait personne d'autre que lui endosser la soutane. D'autant plus que le casting des autres personnages était bouclé. Il ne manquait que le curé. Finalement, Duvivier fit appel à Jean Debucourt pour faire la voix de Dieu. Mon grand-père fit des essais avec lui. Cet académicien génial donna une telle dimension à ce personnage divin, qu'il convainquit son ouaille à entrer dans les ordres. Plus tard, alors que Fernandel vivait encore, on baptisa l'avenue où se situait "L'Oustaou de la Mar", "Avenue Don Camillo". Aujourd'hui, il ne reste plus grand chose de cette maison qui fut vendue par mon père et mes tantes. Ce petit bout de crique résonnait trop des rires de leur jeunesse auprès de leurs parents. Le bateau "Camera" n'a plus jamais levé l'ancre dans le port de Carry depuis que mon grand-père est parti. Ma grand-mère s'en est séparé. Lorsqu'elle entendait le moteur proche de la côte, elle croyait toujours que son Fernand allait descendre de l'embarcation, du soleil et des poissons plein les bras. Elle ne voyait que ce bon vieux Reynaud qui partait seul au large, à la pêche du temps passé.

Jeudi

Mon cher Fernand,

J'ai la grippe : ne viens pas encore me voir, car je te la donnerais sans la perdre. Mais dans deux ou trois jours ça ira mieux, et je voudrais déjeuner ou dîner avec toi. Nous avons à parler longuement. La mort du grand Jules pose de grands problèmes, et t'impose, à toi personnellement, de grands devoirs. Il faut que nous ayions une longue conversation.

Je t'annonce que le succès du Puisatier, à New York, dépasse celui du Boulanger. La presse porte le film aux nues. Angèle et Regain sont annoncés. Je t'embrasse

Marcel

CHAPITRE 5

Le gang des Marseillais

Il serait difficile de parler de Fernandel sans évoquer Pagnol. Ce serait un sacrilège de faire l'impasse sur une telle collaboration. Car il y en a à raconter. Pas tant sur les grands films qu'ils ont tournés ensemble, mais plutôt sur la "fabrication maison". Pagnol avait sa recette pour créer cette complicité inimitable entre les acteurs qui imprègnent son œuvre.

Prenons une journée de tournage. Convocation à huit heures du matin. L'équipe étant un peu engourdie par ce réveil très matinal pour le midi, une partie de pétanque faisait office de petit déjeuner... et se terminait vers les onze heures. Tourner à cette heure-ci ? Vous plaisantez ! Il fallait bien un bon pastis bien frais pour se mettre dans l'ambiance de l'histoire. C'est aussi important que le scénario. Midi sonne. Pause-repas syndicale bien méritée après cette matinée chargée. Hors de question de "s'estoufer" avec un sandwich. Une daube mijotée vaut bien mieux. Vous pensez qu'avec ça sur le ventre, il est possible de retourner au travail ? Bien sûr que non. Tout le monde faisait alors une petite sieste, afin de bien se mettre dans la peau des personnages. Vers quatre heures, une fois le "clan" émergé de sa torpeur, la question draconienne se posait : "Qu'est-ce qu'on tourne ?" Alors Pagnol, avec un sourire malicieux, arrachait un morceau de nappe en papier pour y coucher la séquence du jour. En un quart d'heure, il était capable d'écrire un morceau d'anthologie… Pagnol mettait vite la scène en place, toujours avec une réalisation assez approximative. Il n'est pas rare que dans certains plans, on voit traîner un rail de travelling en pleine garrigue, ou que mon grand-père, dans le "Schpountz", entre dans une pièce avec un costume complet pour en sortir en bras de chemise. Cela importait peu à Pagnol, et était loin de le vexer. "La mise en scène, c'est pas grave, du moment qu'on dit bien mon texte !" Ainsi, les tournages pouvaient s'échelonner entre deux et six mois, ce qui occasionnait certainement des rallonges budgétaires. Mais tous s'en foutaient. Pour eux, ils ne jouaient pas la comédie. Ils agissaient devant la caméra comme ils étaient dans la vie. Leur vrai génie résidait là dedans. Dans cet instinct qui les rendait si authentiques et tellement attachants, dans des rôles créés entre deux blagues. Ils se marraient en prenant du pognon. A cette époque, c'était encore possible.

Ce que je vous ai raconté sur Pagnol ne relève pas de la galéjade. Tout est vrai. Autant que l'amitié qui l'unissait à mon grand-père. Ils se sont rencontrés au début des années 30. Au moment où mon grand-père commençait à se lasser des éternels rôles de comique troupier qu'on lui proposait, ce qui faisait pourtant son succès. Pagnol lui a donné la chance de prouver qu'il n'était pas qu'un comique mais aussi un grand comédien. Le premier film qu'ils ont tourné ensemble s'appelait "Angèle". Vinrent ensuite "Regain" et bien d'autres. "Regain" obtint d'ailleurs, après un carton à Broadway, un Oscar à Hollywood. Mais en période de guerre. Mon grand-père qui était mobilisé n'a donc pas pu aller chercher cette haute distinction. Dont il devait peu se préoccuper. Il n'est jamais allé la récupérer. Il était plus sensible à la marchande de poissons qui lui disait : "Té Fernandel, je vous ai "badé" (admiré) dans votre dernier film". Ce genre de réplique l'émouvait d'avantage que le regard inexpressif d'une statuette en or.

Fernandel trouva son premier rôle fort dans "Naïs". Une histoire toute simple. Il y endosse l'excroissance d'un bossu, Toine. Sa différence l'empêche de conquérir la fameuse Naïs, personnage que Jacqueline Pagnol, la femme de Marcel, illumina de son charme. On peut également noter une des premières apparitions de Raymond Pellegrin. Ce film, qui distille une émotion toute en nuances, ne s'est pas changé, malgré les années, en mélo dégoulinant de morale. Pagnol savait mieux que personne exprimer des sentiments qui ne vieillissent pas, et donnait une couleur ensoleillée au noir et blanc de l'époque. Il y avait une scène où Toine expliquait qu'il avait accepté, tout gosse, sa bosse grâce à sa grand-mère. Pagnol traduit cela par un monologue que mon grand-père devait jouer d'une traite, cadré en gros plan fixe.

Avant de tourner, il dit à Pagnol : “Marcel, que la technique soit prête, je ne ferai qu’une prise”. Et il n’en a pas fait deux. Il pensait tout bonnement à sa véritable grand-mère, à qui il vouait un amour sans bornes. A la fin de son texte, il fondit en larmes, avec toute l’innocence enfantine de ce pauvre Toine. La première mise en boîte était impeccable.

Mon grand-père et Pagnol s’adoraient. Mais ayant tous les deux un tempérament bien de chez nous, ils se fâchaient souvent, pour des broutilles la plupart du temps. Ils s’insultaient par courrier. Un jour, Pagnol l’avait traité de con en plein tournage de “Carnaval” à Monaco. Cela déclencha une joute verbale assez phénoménale. Une dispute de poissonniers à 250 kilomètres du vieux port. Le temps passe. Fernandel reçoit une lettre de Pagnol qui lui écrit : “Fernand, l’autre jour je t’ai traité de con et je viens te confirmer par la présente que tu en es bien un.” Pagnol était génial jusque dans les règlements de comptes. Je vous laisse imaginer la guerre épistolaire qu’ils se livrèrent pendant six mois !

Quelques mois se passent, encore, sans aucune nouvelle l’un de l’autre. Ils ont fini par se croiser dans une soirée où ils sont tombés dans les bras l’un de l’autre, en se faisant tous les compliments imaginables !

Il y aurait un livre à faire sur Pagnol. Je n’aurais pas la prétention de raconter la vie de ce grand Monsieur, mais je ne peux résister à parler encore un peu de lui. Ca reste en famille, alors je me fais plaisir !

Pour tenir le rôle principal dans “La femme du boulanger”, Pagnol avait d’abord pensé à Henri Poupon,

Les Mille Roses...

...C'est là que tout commence...

... Dans cette propriété aux cèdres bleus tricentenaires et aux bâtisses cimentées de souvenirs...

Le salon au temps de mon grand-père.

Une gamme de souvenirs sur le piano d'Henriette.

Une des Mille Roses.

Autant en emporte le temps.

L'acharné du moulinet.

CAMERA

Toujours très élégant, il allait taquiner le goujon en costume…
On ne sait jamais, si un poulpe l'avait reconnu.

La réjouissance du vainqueur avant le supplice du barbecue.

Le repos du guerrier.

La vadrouille des producteurs (à gauche Gilles Grangier, au centre Jean Gabin été 1964).

Un carreau annoncé (à droite, Marcel Pagnol).

Un carton assuré (Tournage de « Topaze » sous la houlette de Pagnol, à droite).

Du sur-mesures ! Dans son élément à la pétanque...

Dans ses petits souliers sur le ring avec Raimu, tournage des « Rois du Sport ».

un acteur de l'époque, un peu moins connu mais excellent comédien. Il accepte sans sourciller. Pagnol pose une condition : "Tu dois te faire arracher tous les pavés (les dents), parce que ton sourire ne conviendra pas au personnage." Et voilà Poupon se précipitant chez le dentiste qui lui ôte toutes les dents pour lui mettre un "piège à vermicelles" (un dentier). Il courut voir Pagnol, une semaine après, avec le sourire comme une assiette. "Mais je déconnais en parlant de tes dents ! J'ai engagé Raimu entre temps !" L'histoire ne dit pas si le génie de Pagnol rendit un jour le sourire au pauvre édenté.

En 1985, Franck sortit une chanson intitulée "César, Fanny, Vincent et Fernand" en hommage à toute cette grande époque. Un clip en fut d'ailleurs tiré grâce à René Pagnol qui, très touché par la chanson, prêta amicalement des extraits de la fameuse trilogie. Ce qui permettait à Franck de côtoyer en images César, Marius et les autres. Henri Verneuil lui adressa une lettre qui disait : "Dans l'agitation hystérique et parkinsonienne de la chanson actuelle ce fut bon de retrouver cet instant rare d'émotion." Il y a certaines opinions qui sont dures à contester.

Si mon grand-père adorait Pagnol, il avait une admiration toute aussi grande pour Raimu. Raimu, c'est l'inoubliable César dans la fameuse trilogie, qui fut victime d'un "remake" à la télévision. Le terme "pantalonnade endimanchée" me semblerait plus approprié. Il y a des œuvres qu'on ne doit pas profaner. "Je sors, je vais faire un tour au café de Monsieur Moustéguer". Dans la bouche de Raimu, cette simple phrase devenait un poème. Son vrai nom était Jules Muraire. Il fut le partenaire, en 1930, de Fernandel dans son premier film “Le blanc et le noir”. Plus tard, ils tournèrent avec Gabin “Les gaîtés de l'escadron” qui racontait une sorte de mutinerie constante dans les rangs d'un régiment. Il y eut aussi dans le même style “Les dégourdis de la onzième”, toujours dans les années 30. Mais le fleuron de leur duo cinématographique s'appelle “Les gueux au paradis” tourné en 1945. Un film introuvable. Une perle rare. Mon grand-père y joue St Nicolas et Raimu y incarne St Antoine, au sein d'une intrigue aussi fluette que les nuages du paradis. C'était en fait une sorte de comédie musicale où chaque acteur poussait la chansonnette. Sauf Raimu. Fernandel, ayant débuté au music-hall, se taillait la part du lion de ce côté-là. Raimu, lui, tenait absolument à chanter. Il harcèle le réalisateur René Le Hénaff : “Et pourquoi Fernand il chante, et moi je chante pas ?” Tant et si bien qu'au bout du compte, le parolier céda et écrivit pour Raimu. Mon grand-père commençait : “Je suis le grand St Nicolas”, et Raimu enchaînait : “Et moi je suis le grand St Antoine.” Voilà tout ce qu'il obtint. On tourne la scène, mon grand-père balance son texte. Raimu suit : “Et moi je suis le grand St Antoâââââne.” Vingt secondes pour une phrase de huit mots. Celui qu'Orson Welles nomma “le plus grand acteur du monde” ne s'est pas révélé sur ce coup comme le nouveau Sinatra.

Pierre Colombier les réunit une nouvelle fois en les mettant en scène dans “Les rois du sport” tourné en 1937. Fernandel interprétait un athlète bien malgré lui. Managé par un Raimu tyrannique et avide de récupérer l'argent que les paris pris sur son "poulain" promettaient. Une comédie que le temps a quelque peu endommagée, où Fernandel est tour à tour goal, coureur automobile, marathonien et boxeur. La scène du ring lui laissa d'ailleurs un mauvais souvenir car son adversaire dans le film était un vrai boxeur. Il ressentit une émotion tellement grande en se retrouvant devant les caméras, qu'il en oublia de doser ses coups. Il balança alors une droite phénoménale à mon grand-père qui s'étala net. Le mastard, en s'apercevant qu'il venait d'endormir Fernandel, s'évanouit aussitôt dans les cordes. Double K.O. à la première (re)prise ! Dans certaines séquences, on sent souvent que Raimu et mon Fernandel sont au bord de la crise de rire. Et plus ils résistent, plus ils "chargent" et moins ils arrivent à se retenir. Des complices étonnants. Ce qui faisait dire au glorieux St Antoine : "Avec Fernand, je ne joue pas, je parle !".

CHAPITRE 6

Quand le cinéma va au cinéma

Mon grand-père sortait peu. Tout d'abord parce qu'il passait le plus clair de son temps sur les plateaux, et lorsqu'il avait des moments de liberté, il allait rarement voir ce qui se passait sur le trottoir en face des "Mille Roses". Non pas qu'il était pantouflard ou "ensuqué" par le soleil, mais avec lui, le simple fait d'aller acheter une baguette au coin de la rue virait vite à l'émeute. Ce qui, naturellement, lui faisait plaisir. Deux minutes. Ensuite, il suffisait qu'un admirateur fende la foule pour lui demander un autographe pour entendre : "Vous me cassez les alibôfis (couilles)." Les gens hurlaient de rire tout en pensant que Fernandel plaisantait de façon un peu grasse. Ses insultes n'avaient qu'un seul effet : faire augmenter l'attroupement. Alors qu'il voulait juste retourner chez lui pour déguster son pain de midi. Mais lorsqu'il rentrait, l'heure du repas était largement dépassée. Sa seule alternative était de manger sa baguette dure le soir.

Ses rares apparitions publiques avaient finalement lieu au cinéma. En tant que spectateur ! Hors de question pour lui de manquer le dernier western qui venait de sortir. Il aimait peu le cinéma tant il en connaissait les ficelles. Il regardait toujours les plans, les lumières, les raccords. Cela lui gâchait le film. Mais lorsqu'il voyait quatre cow-boys poursuivre des Indiens, il se régalait. Pour éviter les mouvements de foule, il entrait dans la salle après le début, et sortait avant la fin du générique, ce qui le frustrait beaucoup. Des fois qu'un peau-rouge se fasse descendre avant son arrivée. Il vouait un culte à Gary Cooper. Il le rencontra à Paris avec mon père. Paraît-il qu'il fut émerveillé, tremblant comme un gosse, en serrant la main de ce géant qui lui aussi l'appréciait beaucoup. Mon grand-père tourna d'ailleurs un western "Dynamite Jack", où il avait un double rôle, celui du méchant et du gentil. Le saloon au milieu des champs de lavande, avec des cow-boys marseillais au comptoir et des règlements de compte orchestrés par le bruit des grillons, n'était pas très crédible. Il ne manquait plus que des ânes d'Arles pour remplacer les chevaux. Il n'y a pas très longtemps, ce film est sorti en vidéo doublé en arabe par le comique Fellag, sous le titre "Dynamite Mo" !

Cela me fait penser à une anecdote savoureuse. Mon grand-père était invité à l'avant-première parisienne de "Hatari" avec John Wayne . Mon père l'avait accompagné. Cela se passait du côté des Champs-Elysées dans un grand cinéma qui, je crois existe encore. C'était LA soirée people dans toute sa splendeur. Mon père et mon grand-père arrivent. A l'entrée, la Garde Républicaine se met à jouer.

On annonce : “Monsieur Fernandel et Monsieur Franck Fernandel”. Mon grand-père était bien sûr très attendu, et on l’avait placé au milieu des hauts représentants de la Légion d’Honneur. Le film démarre. Au grand mécontentement de mon grand-père, ce n’était pas un western, mais l’histoire d’un safari. La projection durait presque trois heures, et à la moitié il y avait une coupure de dix minutes. Mon grand-père, lorsqu’il s’emmerdait au cinéma, se remontait les pantalons. A l’entracte, il était en short, les ourlets au-dessus du genoux. Il ne manquait plus que la chemise à fleurs ! Les journalistes se ruent sur lui pour recueillir ses impressions. “John Wayne est excellent, c’est son meilleur film” assure mon grand-père à la presse. La deuxième partie du film commence et il se penche vers mon père : “Allez, on se casse c’est à chier !” “Papa, ça va pas, on va se faire remarquer ! On est là, finissons le film” “Mais qué, personne nous verra, ils regardent tous John Wayne !” Non seulement tout le monde les a vus, mais aussi entendus car mon grand-père avait une voix qui portait lorsqu’il demandait “pardon” pour se frayer un passage dans la rangée, massacrant les pieds des hauts dignitaires de la Légion d’Honneur. On entendait des gens crier : “Mais c’est Fernandel !” Le show était dans la salle et plus sur l’écran. Mon grand-père sortit. “Monsieur Fernandel et Monsieur Franck Fernandel”, et la Garde Républicaine, qui apparemment n’était pas conviée à la projection, joua de plus belle. Ce qui leur assura une fuite discrète et sans bavures. Les trompettes de la renommée ne retentissent pas toujours au bon moment.

CHAPITRE 7

35 millimètres et 45 tours

J'ai failli être le fils d'un notaire ! Rendez-vous compte, j'aurais pu commencer à lire le code civil au milieu d'une étude poussiéreuse avant de découvrir les ouvrages de Pagnol à l'ombre des platanes des "Mille Roses". Des frissons m'en viennent. Mais je ne plaisante pas. Mon père, issu d'une lignée d'artistes, fit des études de droit. Les femmes de la famille, c'est-à-dire ma grand-mère, sa sœur Margot et mon arrière-grand-mère Joséphine avaient décidé qu'il ferait un métier sérieux. Au départ, elles voyaient bien mon père pharmacien, ce qui lui avait valu le surnom de "Monsieur Pilule", sobriquet dont l'affublait gentiment mon grand-père. Finalement, c'est à la faculté d'Aix-en-Provence que mon père perdit son temps à apprendre la dure profession d'homme de loi. Le jour de l'examen, il préféra jouer à la pétanque. Une matière indispensable pour laquelle on devrait décerner des diplômes. Plus tard, il fit un stage chez un notaire à

Marseille. Ce brave type garda un souvenir impérissable de son passage : il perdit une bonne partie de sa clientèle. Pour conjurer le mauvais sort, Franck partit sur les routes en tant que régisseur d'Annie Cordy, avant de devenir directeur artistique chez Decca, une grande maison de disques, lui qui ne rêvait que de jazz en écoutant Nat King Cole, Oscar Peterson ou Frank Sinatra.

Vers la même époque, en 1961, mon grand-père préparait un film en Italie, intitulé "Avanti la Musica", où il retrouverait à nouveau son complice Gino Cervi alias Peppone. Les producteurs butaient sur un sérieux problème. Fernandel devait avoir un fils à l'écran, et aucun des postulants au rôle n'avait la gueule de l'emploi. Le producteur face à l'évidence, glissa à mon grand-père : "Vous, vous avez un fils, un vrai, et pour vous ressembler, il vous ressemble !"

Il ne fallait pas aller chercher la solution plus loin. Malgré tout, le cinéma ne tentait pas tellement mon père et ce projet le laissa tiède. Il craignait de ne pas avoir la trempe d'un comédien. Au-delà de ça, il était parfaitement heureux de passer ses nuits dans les piano-bars. Mais, face à ses réticences, le cachet que lui proposa le producteur donna à mon père une envie subite de faire du tourisme au pays de la "Dolce Vita". Franck ne tenait pas un rôle de composition. Il se révéla à l'aise face aux caméras. Pour lui, c'était avant tout l'occasion d'une parenthèse qui, plus tard, lui laisserait un magnifique souvenir. Il faisait ça en se marrant, comme toujours. Même si le tournage se compliquait un peu à cause de certains soucis de mise en scène. Le réalisateur se fit virer au terme de la première

semaine. Ses méthodes étaient jugées brouillonnes et sa gestion du temps discutable selon le directeur de production. Un autre metteur en scène fut alors engagé en catastrophe. Il s'appelait Giorgio Bianchi, et dirigeait les acteurs depuis une énorme cage en verre dans laquelle il restait confiné les trois quarts du temps, à cause d'une infection microbienne, je crois. Ses seules sorties à l'air libre se finissaient par des engueulades générales.
Malgré tout, le film se termine et remporte un assez beau succès. Les journalistes commencent alors à s'intéresser de près à mon père. Bien sûr, cela ravissait mon grand-père qui précisait tout de même :
"Si sur "Avanti la Musica" Franck avait été mauvais, je ne l'aurais pas gardé sous prétexte que c'était mon fils. On l'aurait remplacé et voilà tout !"
N'allez pas chercher une once de méchanceté dans cette phrase. C'était sa façon à lui, de dire, avec humour, que son fils avait du talent. Il ne voulait pas que l'on pense à tort que Franck réussissait une carrière à l'ombre de son père et grâce à ses relations dans le métier.
Dans la foulée, mon père croula vite sous les propositions. La même année, il débuta sur les planches dans la pièce de Marc-Gilbert Sauvageon "Bienheureuse Anaïs". Puis, Raymond Mamoudy, un grand parolier, le "persécuta" pour qu'il enregistre un single (45 tours à l'époque), dont la face A était "Fanny". Mon père n'a jamais voulu chanter mais a toujours voulu diriger un grand orchestre de jazz. Il répéta toute sa vie que c'est le métier qui est venu à lui. Qu'il l'a fait "par hasard". Quand sa carrière de chanteur commença à prendre de l'ampleur, il demanda à son père :

"Et maintenant, qu'est-ce que je dois faire ?"
"Tu fais ce métier. C'est le plus beau du monde !"
C'était en 1963.
Un an plus tard sortait un film aujourd'hui culte "Pour une poignée de dollars" avec mon Dieu, Clint Eastwood, pour qui je me couperais volontiers la main afin de lui serrer la sienne. Ce grand western spaghetti était mis en scène par Sergio Leone qui devint la star que l'on connaît. Toute sa vie, celui-ci garda certainement dans un coin de sa tête le souvenir d'un tournage en 1961, qui réunissait Fernandel et Franck Fernandel. Tournage dont il fut congédié au bout de sept jours.

CHAPITRE 8

Clair de lune à Manosque

L'âge d'or de la littérature provençale n'était pas monopolisé par le seul Pagnol. Il ne faut pas oublier Jean Giono. Un écrivain tout aussi talentueux et renommé mais qui faisait moins parler de lui. Les mondanités n'étaient pas son fort. C'était un homme proche des valeurs de la terre, qui vivait pour son art. Il tourna un seul et unique film, "Crésus". Il fit appel à Fernandel pour tenir le rôle d'un berger paumé sur les hauteurs de ses montagnes et qui, par hasard, se retrouvait nez à nez avec un missile de guerre regorgeant de billets, "égaré" sur les hauts plateaux.

Giono, qui savait à peine ce qu'était un poste de télévision, se fit aider par Claude Pinoteau pour la mise en scène. Le film bénéficiait, pour une des premières fois en France, du format cinémascope 2.35, un procédé technique de prises de vues en 35 millimètres très utilisé par la suite. Le rôle du berger se révéla complexe car il occupait souvent l'image tout seul en soliloquant. Il fallait là tout le talent de ces deux monstres sacrés pour ne pas emmerder le spectateur, car les décors, constitués de fermes et de moutons, n'avaient rien d'hollywoodien.

Le tournage se déroulait dans les Alpes de Haute Provence dans des endroits très difficiles d'accès. Intendance oblige, toute l'équipe, ainsi que les acteurs, logeaient dans un hôtel assez rustique aux allures de pension de famille. Un ex-commandant de l'armée française et sa femme se joignaient à l'équipe du film pour souper avec eux tous les soirs, à la table commune de l'hôtel. Ils s'étaient liés d'amitié avec mon grand-père. Un soir, après un repas certainement "léger", Fernandel est pris en pleine nuit de ce qu'on appelle chez nous une "cagagne" monumentale. Pas besoin de vous expliquer. Il n'y avait qu'un seul cabinet dans l'hôtel et il se trouvait à l'extérieur de la bâtisse. Mon grand-père, en pyjama avec les cheveux droits sur la tête comme à l'accoutumée, dévale les étages, sort de l'hôtel, le pantalon déjà sur les chevilles, arrache littéralement la porte des toilettes et va pour s'asseoir sur la cuvette quand soudain, un cri de terreur résonne dans la vallée, comme dans un vieux western…

"Attendez, y'a quelqu'un !!!"

Dans la nuit noire, mon grand-père n'avait pas remarqué qu'une autre victime du repas trônait déjà à la place qu'il convoitait. Une victime de choix puisque c'était le commandant qui, absorbé par son activité du moment, a vu surgir de la nuit une lune. Pas celle que l'on pouvait imaginer, non ! Celle de Fernandel…

Le lendemain, à la table du petit déjeuner, le commandant, très distingué dans son costume sur mesure, fit comme s'il ne s'était rien passé. Il s'avança vers son compagnon d'infortune pour le saluer :
"Mon cher Fernandel, avez-vous passé une bonne nuit ?"
"Ouais, pas trop mal, et vous ? Parce que j'ai bien failli vous caguer dessus !"
Même Giono n'aurait pas pu inventer un truc pareil.
Le film fut présenté à Paris. Mon père, qui était présent, sort de la salle en premier et voit, assis sur les marches du cinéma, un type voûté en pull-over et pantalon de velours marron. C'était Giono, qui n'avait apparemment pas trouvé grand intérêt à assister en entier à la projection de son propre film. Le climat parisien devait le rendre nostalgique, lui qui préférait ses champs provençaux aux Champs Elysées. Mon père lui demanda :
"Jean, vous n'avez pas vu le film ?"
Giono lui rendit un grand sourire.
"Mon petit, va me chercher un paquet de tabac brun, sois gentil."
Comme quoi, il ne faut pas forcément fumer le cigare pour être un génie du 7ème art !

CHAPITRE 9

L'imprévisible impresario

Dès le milieu des années 40, les chiffres apposés au bas des contrats de Fernandel finirent par dépasser son numéro de sécurité sociale. Grâce aux services d'un impresario renommé de l'époque, Robert E. BEUNKE, un homme d'une remarquable efficacité. Pour preuve, les starlettes du moment savaient que chez lui un "passage" sous le bureau en signifiait un sous les projecteurs. Et croyez-moi, il en a lancé des jeunes filles sur les plateaux de cinéma ! Mon grand-père se régalait en le titillant à ce sujet :
"Beunke, vous êtes un vieux libidineux."
Distingué, il répondait :
"Pas du tout, mon cher Fernand, je développe le potentiel des stars de demain."
La tête de Beunke ressemblait un peu à un masque d'Halloween, une sorte de croisement entre une créature tout droit sortie d'un film de John Carpenter et une rascasse de Cassis. Quoi qu'il en soit, c'était un homme d'affaires

absolument redoutable qui avait l'incongruité de déranger son artiste en plein milieu des sacro-saint repas et lui annoncer les cachets qu'il venait de décrocher pour le prochain film. Cela n'impressionnait pas mon grand-père qui posait le combiné du téléphone à côté de son assiette, et, entre deux pieds paquets, se saisissait de l'appareil pour dire quelque chose dans le genre : “Bravo, vous avez bien fait Beunke”.

Beunke le suivait dans presque tous ses déplacements nationaux et surtout internationaux. Mais il était ce qu'on appelle dans le Midi un “djejji”, c'est-à-dire qu'il n'en ratait jamais une.

Sur le Liberté, qui emmène Fernandel vers les States, un tangage secoue fortement sans prévenir. Beunke, pris de panique, se cramponne à un siège de la salle à manger qui était fixé au sol. Sous la violence de la tempête, et sous la masse de ce brave impresario, le fauteuil craque. Voilà Beunke qui traverse toute la pièce avant de s'encastrer la tête dans le bar. Les médecins de bord le soignent avec les moyens dont ils disposent, et le couchent dans sa cabine. Le lendemain, irruption dans la chambre du convalescent : “Ca va Beunke ?”

Ce que j'ai omis de vous dire sur Beunke, c'est qu'il avait une légère tendance à la mythomanie. Il s'inventait des carrières rocambolesques dont plus personne n'était dupe. La tête recouverte de bandages et boursouflée de plaies, il répondit, toujours très emphatique :

“Ce n'est rien, mon cher Fernand, un léger hématome. Vous savez, lorsque j'étais moussaillon…”

“Eh ! Arrêtez vos conneries Beunke, vous n'avez jamais été dans la marine !”

Pour rentrer des Etats-Unis, mon grand-père jugea bon de prendre l'avion afin d'éviter tout accident grave. Fernandel craignait l'avion et disait : "Si jamais j'ai un accident, et que je m'abîme la tronche, c'est bien emmerdant parce que je n'en ai pas une de rechange !". Manque de chance, sur le visa de l'impresario, l'administration avait écrit "BINKE" au lieu de "BEUNKE".

"Vous ne passerez jamais Beunke. On va vous arrêter. " prévint mon grand-père.

"Mon cher Fernand, lorsque j'étais pilote de ligne..."

Arrive le tour de Beunke face au douanier. Le type le regarde bizarrement.

"Mister... Binke ?"

Et allez savoir pourquoi, il lui demande s'il ne transporte pas un perroquet dans ses valises. Il le plaça quatre jours en garde à vue avant de le rapatrier en France. Ce qui fit hurler de rire mon grand-père, à s'en faire exploser "l'embouligue" (nombril).

Avant le tournage d'un Don Camillo, un des co-producteurs français passa aux "Mille Roses" et décida de partir en même temps que mon grand-père et Beunke pour rejoindre le lieu du tournage. Ils prirent deux voitures, et Beunke monta avec le co-producteur, en lui assurant qu'il connaissait un bon raccourci pour arriver plus vite jusqu'à Rome.

"Vous allez vous planter Beunke !" ironisa mon grand-père.

Arrivé à son hôtel en Italie, Fernandel reçoit un coup de fil de l'hôpital. Beunke avait convaincu le co-producteur français de lui laisser le volant en lui racontant sûrement qu'il fut jadis pilote de rallye. Résultat, il planta la voiture dans un parpaing et passa à travers le pare-brise. Mais de sa chambre d'hôpital, il assura à mon grand-père que "cette petite contusion passagère" ne gênerait en rien sa présence sur le tournage. Le film en boîte, Beunke était toujours à l'hôpital. Malgré les prières de Don Camillo!

CHAPITRE 10

De Fernandel à Fernand

La légende veut que mon grand-père ait été radin. Nuance. Il avait le sens des valeurs. Issu d'une famille de douaniers italiens qui immigrèrent à la fin du XIXème siècle à Marseille, il dut travailler très jeune pour aider son père à nourrir sa mère, ses deux frères et sa sœur. Il était "groom", c'est-à-dire portier dans une banque. Enfin dans plusieurs. Ses facéties en tous genres ne lui permettaient pas de rester bien longtemps dans le même établissement.

Lorsqu'il gagna ses galons de vedette, il n'oublia pas que l'argent ne fleurit pas sur les platanes. Lorsqu'il se levait le matin, après avoir transformé la salle de bains en champ de bataille, comme je vous l'ai déjà raconté, il disait en contemplant ses terres :

"Et dire que tout ça, c'est à moi !" Il pensait : "J'ai travaillé pour acquérir tant de choses." La fierté n'est pas forcément synonyme de suffisance.

Ses deux filles naquirent les premières dans une période où son travail lui permettait encore d'être un père à "horaires réguliers". Franck arriva en 1935. Lui, en revanche, fut élevé par ses grands-parents maternels car Fernandel commençait à partir souvent pour tourner. Il correspondait régulièrement avec son fils et le voyait le plus souvent possible. C'était un papa absent mais pas démissionnaire. Il inculqua à ses enfants les valeurs essentielles à ses yeux.

Lorsque mon père avait vingt ans, il entretenait une liaison avec une femme plus âgée, dentiste de son état, qui le couvrait de cadeaux. Et pas des pochettes surprises. Des costumes principalement, des montres. Et certainement des détartrages gratuits ! Mon grand-père s'en aperçut et demanda à mon père si, par hasard, il n'avait pas pris goût au proxénétisme. Mon grand-père lui interdit de continuer à fréquenter cette femme, et lui mit une grosse somme sur un compte en banque… qu'il bloqua par la même occasion.

"Ici tu manges, tu dors, mais pour le reste, va voir dehors si j'y suis !"

La raison paternelle avait parlé. Alors mon père se mit à travailler dans un petit orchestre de jazz qu'il avait monté avec ses copains. Il réussit à se payer une batterie flambante neuve, qu'il a toujours et sur laquelle je joue depuis sept ans. Ce qui désespérait mon grand-père qui disait :

"Mon fils joue du tambour."

Mon grand-père admira l'instrument avec intérêt et demanda à son fils :

“C’est à toi tout ça ? C’est bien… Dis moi combien ça t’a coûté. Je t’en fais cadeau”.
Secrètement, mon père n’encaissa jamais le chèque. La leçon avait marché.
Cependant, Fernandel n’était pas un tyran. Il partageait avec son fils le même humour, la même façon de voir les choses. Mon grand-père n’était pas une star tourmentée qui ramenait ses personnages à la maison. Il avait une sensibilité à fleur de peau. Il suffisait qu’on l’embrasse de façon un peu plus appuyée que de coutume pour qu’il se mette à pleurer. Vestige de son enfance : sa mère le traitait très mal lorsqu’il n’était encore qu’un gosse, contrairement à son père, Denis, un homme presque débonnaire. Fernandel ne voyait plus sa mère depuis ses dix-huit ans, mais lui faisait parvenir chaque mois une somme qui lui permit de vivre. Et ce jusqu’à la fin de ses jours.
Alors qu’il se régalait de voir Franck enchaîner sortie sur sortie en prenant la vie en épicurien, il n’en allait pas de même pour ses filles, Janine et Josette. Pas de maquillage, pas de mini-jupes, pas d’alcool, pas de cigarettes. Les rares prétendants, qui franchissaient le portail de la propriété, étaient littéralement passés au crible. Il se faisait un malin plaisir à les charrier à outrance comme le font les Méridionaux. Par exemple, Janine sortait avec un type qui s’appelait Michel Genou. A chaque fois mon grand-père lui disait :
“Alors, comment il va Cuisse ?”
Et puis, il y avait Henriette, sa femme, avec laquelle il resta marié jusqu’à la fin. Pas par habitude. Simplement par amour. Elle représentait son jardin secret. Eux qui se

rencontrèrent enfants. Elle lui rappelait d'où il venait sans lui dire un mot. J'en parle peu dans ce livre. Je serais gêné d'étaler sa vie, elle qui s'efforça de rester Madame Contandin, en menant une existence discrète sans jamais s'imposer dans la carrière de son mari. Sans pour autant être soumise. Evoquer cette femme trop souvent me donnerait l'impression de trahir un peu sa mémoire, tant j'admire sa ligne de conduite.

Je ne l'ai connue que six mois. Bébé, il paraît que je m'amusais avec les franges de son châle. Elle me disait :

"Plus tard, tu me promèneras dans le jardin."

Elle n'eut pas le temps de voir mes premiers pas. Elle s'est éteinte en février 1984, à 80 ans. J'aurais dû accrocher plus fort mes bras de gosse à son châle pour la retenir encore un peu. Henriette est juste partie annoncer à son Fernand : "Tu as un petit-fils".

CHAPITRE 11

"Bilan positif" ou le chemin de Franck

"Bienheureuse Anaïs" fut pour mon père un tremplin extraordinaire. Parallèlement, il débutait avec succès sa carrière de chanteur, ce qui resta son domaine de prédilection. Les critiques de la pièce étaient unanimes. "Franck Fernandel a réussi à se faire un prénom sans imiter son père" s'accordaient-elles à dire. J'ai eu la chance de voir cette pièce, possédant l'unique copie vidéo qui existe. Mon père tenait le rôle de Clovis Miroux, un patron de bistrot provençal tiraillé entre ses obligations maritales et l'amour qu'il porte à une pute d'autoroute surnommée "Poids Lourd", interprétée sans égal par Catherine Rouvel. Elle était si émouvante, et son rôle, tellement bien écrit par Sauvageon que le public ne comprenait pas pourquoi Clovis retournait finalement au dernier acte dans les bras de sa femme. Il y avait une distribution de choix autour de Franck dont Andrex et Rellys, respectivement maire et curé du village. Ces deux larrons travaillaient beaucoup avec mon grand-père, qui les faisait systématiquement engager car ils comptaient parmi ses plus vieux amis. Rellys, sur les genoux duquel j'ai eu la chance de sauter lorsque j'étais petit, était bourré de tics. On aurait dit le tableau de bord d'un avion dont les lumières clignotaient tous azimuts. Dans "Bienheureuse Anaïs", ils se trouvèrent face au fils de leur ami Fernand qu'ils avaient vu naître. Evénement qui avait compromis une de leur partie de pêche matinale, le 10 décembre 1935. Leur émotion fut si grande que, le soir de la première, ils furent totalement incapables de balancer leurs répliques correctement. Andrex resta figé et Rellys répéta en boucle à voix basse sur scène : "Oh ! Fan de putain", jusqu'à ce que Franck l'aide à lancer son texte.

Fort de ce succès, mon père fit souvent du théâtre. Il joua un proxénète, Nestor le Fripé, au côté de Colette Renard dans "Irma la Douce", créée en Amérique et dont Billy Wilder tira un film.

Franck reprit aussi une pièce de Woody Allen, un autre de mes dieux, intitulée "Nuit de Chine". Il jouait un mec complètement gauche qui se cassait la gueule sans arrêt. Son producteur, Gérard Tempesti, qui n'avait jamais assisté de sa vie à une représentation théâtrale, vint un soir pour son "baptême". Il fut placé au premier rang qui était complètement collé à la scène. A un moment, mon père butait contre une valise et se ramassait par terre. Ce soir-là, dans sa chute, il tomba nez à nez avec Tempesti qui, impassible, dit tout haut en plein spectacle :

"Oh Franck ! C'est bien le théâtre, hein ?"
Le tout avec sa décontraction et son naturel méridional.
Ensuite, ce fut le bide avec "Bon week-end Conchita". Deux mois de répétitions pour jouer trente jours dans une salle à moitié vide. L'histoire, plutôt bancale, réservait à mon père le rôle d'un séducteur un peu glauque.
Franck se faisait presque huer à la fin du spectacle, tant son personnage était antipathique.
En 1971, ce fut là sa dernière pièce. Il joua du Thomas Corneille dans "Le Geôlier de soi-même" au festival de Barantin. Du classique avec l'accent du Midi. Seul un Marseillais peut gagner ce genre de pari ! Pourtant cet accent, mon père tenta de le perdre à ses débuts. Il alla chez un professeur qui l'entraînait à parler "normalement". Jusqu'au jour où elle lui dit :
"Votre accent, vous ne le perdrez jamais, et moi je le prends !"
Si les gens du Midi, en vous parlant, vous transmettent cet accent, cela veut dire qu'ils vous aiment bien.
Mais Franck, un soir de concert parisien, en eut soudain assez de ces projecteurs qui parfois peuvent brûler l'âme alors que le soleil du Midi se contente de vous réchauffer le cœur. Il partit aussitôt retrouver l'odeur des pins des "Mille Roses". Ce fut alors le commencement de l'âge d'or de la "Franck Records", sa propre maison de production qu'il monta avec son ami Tempesti en 1972. Une grosse excuse, en fait, pour transformer les "Mille Roses" en une fête ininterrompue où les disques qui sortaient voyaient souvent leur promotion troquée contre une revanche à la pétanque. Des parties homériques qui se finissaient à des heures avancées. Et dans des états tout aussi avancés !

Pour preuve, un jour, Bonbon, le batteur de Franck, tenta toute une nuit durant de grimper en vélo à un acacia ! Du Pagnol revisité par Benny Hill.

Franck gagnait bien sa vie entre la chanson, la radio, la télévision. Il n'a jamais souffert de la notoriété de son père. Il a choisi une qualité de vie, une ligne de conduite artistique dont il ne s'est jamais plaint. Vedette mais pas star. Artiste mais pas businessman. Et la mentalité qui va avec. Franck, il faut l'écouter parler de sa carrière en hurlant de rire des moindres critiques que certains esprits chagrins ont pu faire ! L'aigreur, il laisse cela à son estomac le lendemain des bonnes bouffes. A ceux-là, ceux qui précisément affirment "Franck Fernandel a fait carrière à l'ombre de son père" je leur répondrai qu'ils ne se trompent pas. Franck a bien fait carrière à l'ombre. Celle des platanes de son Midi.

Dans les années 80, ses tempes grises et ses foulards surmontés de larges chaînes dorées lui permirent d'assurer le beau succès de "L'Amour Interdit". Une chanson qui parle d'un problème éternel, celui de l'adultère. Ce titre n'a pas cessé de lui coller à la peau depuis. Comme il le dit : "C'est devenu mon Petit Papa Noël". Les femmes pensaient : "Lui a tout compris. Il fait l'amour l'après-midi avec ses maîtresses". Alors que Franck utilisait le cinq à sept pour faire la sieste. Ce hit lui valut d'incroyables confidences du style : "Signez le disque, c'est pour mon amant. Car pendant qu'on s'envoie en l'air, on écoute votre disque". Il lui arriva aussi de se faire mordre au cours d'un concert ou presque violer dans une cabine d'essayage. Dernièrement, dans un restaurant, en lui apportant sa commande, la serveuse a lâché le plat en criant : “Vous, vous êtes l’Amour Interdit !” Franck lui, s’inquiétait surtout de la bonne daurade qui venait de choir par terre. La vie de Franck ressemble à l’une de ses chansons “Bilan Positif”, dont le refrain dit “Un homme seul dans la ville, qui s’en va d’un pas tranquille, comme des millions de gens, il fait son chemin de vie…”.

44, AVENUE FOCH. XVIe PARIS, le 24 Juin 1965

TÉL. 704.58-04

Mon Cher Reynaud,

Me voici de retour à Paris heureux de retrouver mon pays après ce long et fatiguant séjour chez les "ritals". Je termine mes affaires dans la Capitale avant de rejoindre ma villa de Marseille, d'abord, et celle de Carry ensuite, vous pouvez dès lundi conduire "Caméra" à sa place dans le port, car sauf imprévus de dernière heure, je compte franchir le portail de "L'oustau de la mar" jeudi au plus tard.

Ne parlez à personne de mon arrivée, on aura le temps de me voir lorsque je serai là.

Don Camillo fait des prières pour que le temps soit clément pour lui permettre d'en faire mourir beaucoup.

Toutes mes amitiés

Fernandel

CHAPITRE 12

Un curé pas très catholique

Aux "Mille Roses", quand la nuit tombe, une ambiance envahit, avec elle, la propriété. Pour certains, les quatre hectares dominés par ces grandes maisons, peuvent évoquer une sorte de manoir comme l'aurait filmé Terence Fisher. Peu de gens osent s'aventurer dans les ténèbres du jardin, enveloppés par le chant angoissant des chouettes. Peut-être, craignent-ils que Christopher Lee surgisse de derrière un fourré avec ses canines saillantes et affûtées, prêtes à leur pomper le sang… Ici, le seul vampire que vous pourriez trouver, c'est notre chat dépressif, Pistou. On le nomme ainsi car, depuis qu'il traîne sa vieille carcasse dans nos murs, nous l'avons habitué à notre culture culinaire. Et son plat favori, ce sont justement les pâtes au Pistou. "Maison", pas en boîte. Déjà il assiste avec intérêt à nos parties de pétanque. Même les chats sont des phénomènes en Provence ! Dehors, les cigales se sont couchées avec le soleil pour laisser place aux crapauds, les

“Sinatra de nos bassins”. Avec mon père, nous passons au salon. Une vaste pièce sans dessus-dessous qui n’a pas été remise à neuf depuis les années 70. Comme pour garder dans ses nombreuses craquelures une trace des grandes soirées qui s’y sont déroulées et s’y déroulent encore. Mais aujourd’hui, pas moyen de tomber sur un bon film à la télé. Cary Grant ne fait pas d’entrées fracassantes dans son complet sur-mesure, Clint n’aligne pas les gangsters avec décontraction… Et je n’espère même plus un clin d’œil troublant de la déesse Romy. Alors nous zappons. Soudain, le climat se fait plus familial. “Don Camillo” est rediffusé. Il est là avec nous, presque “pour” nous. Comme si ce soir il avait décidé de nous faire la surprise de s’asseoir dans le salon pour s’assurer que ses descendants vont bien. On se dit : “Tiens, on va regarder cinq minutes.” Mais après le banc-titre “Fin”, on reste scotché à l’écran. Puis on parle du film avec l’opinion – presque - neutre du spectateur lambda pour conclure : “Quand même, il est talentueux ce mec !” Force est de constater que le film est tellement excellent qu’on en a oublié que c’était d’abord Fernand Contandin qui jouait sous nos yeux !

Evidemment “Don Camillo” fait partie des œuvres cultes franco-italiennes. Je suis sûr que même aujourd’hui, la série ferait un carton si elle ressortait en salles. Au départ, le producteur italien, Rizzoli, était pourtant frileux à l’idée de voir Fernandel endosser le personnage créé dans les romans de Guareschi. En Italie, mon grand-père avait surtout une réputation de comique. Non pas que le rôle de Don Camillo fut réellement tragique mais certaines séquences véhiculaient une certaine émotion dont il fallait

Dans « Dynamite Jack », fier comme un cow-boy...

... mais beaucoup moins face à un vrai, surtout lorsqu'il s'agit de Gary Cooper (ma tante Janine au centre).

Sur le Liberté, en route pour l'Amérique en compagnie de l'incontournable Beunke (à l'extrême droite).

De Jean Giono (Tournage de « Crésus »)...

... à Sergio Leone (entouré de Franck et Milla Sanoner, sur le tournage de « Avanti la Musica »)

Complicité éternelle avec Franck...

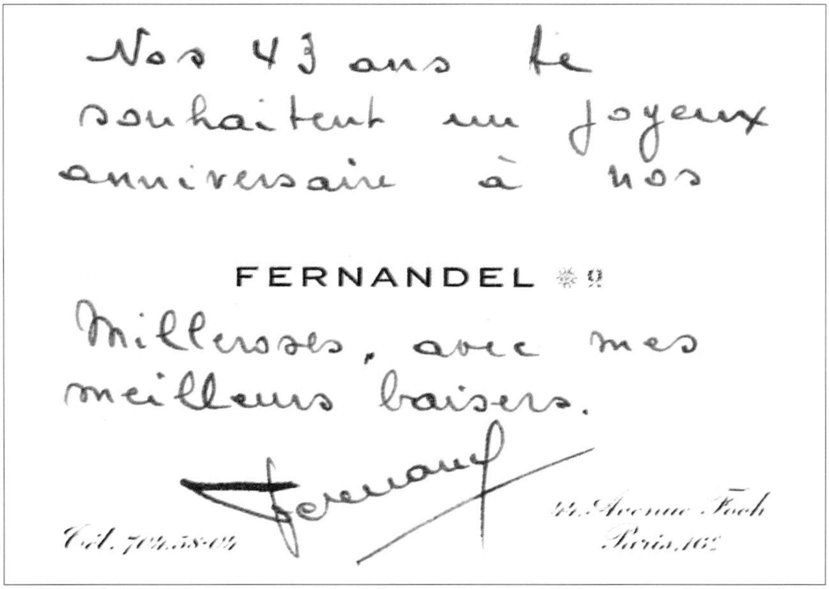
Nos 43 ans te
souhaitent un joyeux
anniversaire à nos
FERNANDEL
Milleroses, avec mes
meilleurs baisers.
Fernandel
Tél. 704.58-04
44, Avenue Foch
Paris, 16e

...*tendresse infinie avec Henriette.*

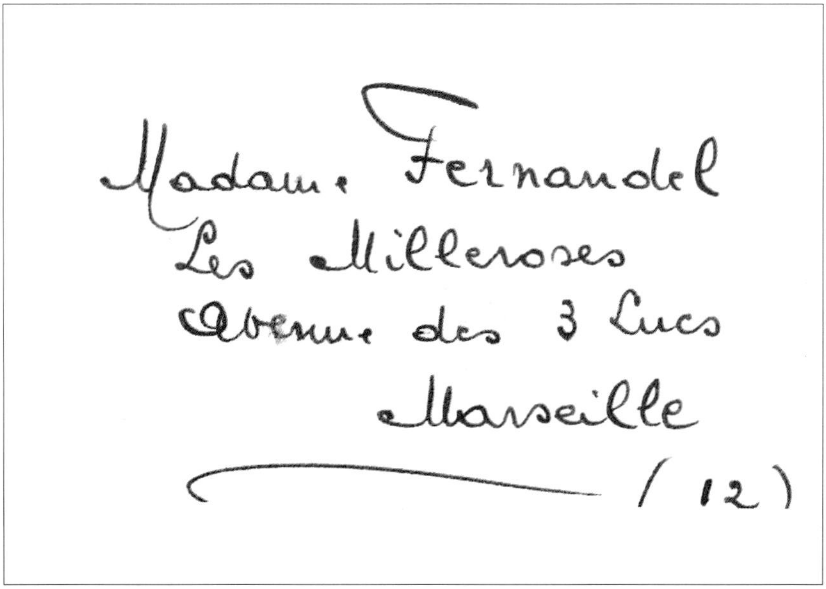
Madame Fernandel
Les Milleroses
Avenue des 3 Lucs
Marseille
(12)

Madame Fernandel
et son fils
Franck

Photo légendée par Fernandel.

Un curé pas très catholique !

A son bureau. Un ecclésiastique « de cinéma »...

De vrais ecclésiastiques « au cinéma » !
Présentation au clergé du « Retour de Don Camillo » au Berlitz à Paris.

Rira bien qui rira le dernier !

Le fils du curé
ou le fils du communiste ?
(Franck et Tonino Cervi,
Brescello/Italie, 1991)

Dirigé par Julien Duvivier, le réalisateur des deux premiers « Don Camillo » (Ici sur une scène du « Diable et les dix commandements »).

Un café pour Don Camillo, une poignée de mains pour Christian Jaque (réalisateur du dernier opus des Don Camillo et ami de toujours).

Au bord de la crise de rire à Londres avec Bob Hope.

saisir toute la finesse. Mon grand-père fit visionner à Rizzoli "Meurtres", un de ses grands films dramatiques, réalisé par Richard Potier en 1950, où on ne rigolait pas du tout. Cela a suffi. Le producteur fut convaincu.

Sur les tournages, mon grand-père se préoccupait tout autant du scénario que de sa gamelle ! Cette lourde responsabilité incombait à Tina, son habilleuse personnelle, qui resta à son service tout au long de sa carrière. Entre deux essayages, elle mitonnait toutes sortes de mets dans la caravane, qui devint rapidement sa résidence secondaire. Cela devait être le seul caprice de star de Fernandel. Mais attention, on pénétrait dans ce "resto sur roues" encore plus difficilement qu'au Ritz. Il fallait que le maître des lieux vous invite officiellement à partager sa daube ou ses pieds-paquets. Sur le tournage de "Don Camillo", Gino Cervi - avec qui il s'entendait à merveille - et Julien Duvivier y étaient les seuls admis. Pendant ce temps, l'éternel Beunke prenait ses repas avec les acteurs italiens. On se demande bien pourquoi, car il ne comprenait pas un traître mot de cette langue. Malgré cela, il certifiait le contraire à mon grand-père. Comme toujours.

"Mon cher Fernand, lorsque j'étais interprète…"

"Mais Beunke, vous vous foutez de moi ! Vous n'en casez pas une en italien…"

Pour revenir à cette dévouée Tina, j'ai eu la chance de la connaître tout gamin. Elle m'avait dit un truc extraordinaire. "Tu sais, mon petit, ton grand-père et moi, c'était presque comme un mariage, vu qu'on a passé trente ans de notre vie ensemble".

Quand le premier opus de "Don Camillo" sortit, ce fut une révolution. Les salles ne désemplissaient pas et des couvents entiers de bonnes sœurs s'y précipitaient, suivis de près par toute une légion de prêtres. Les cinémas devenaient de véritables églises où le Bon Dieu se faisait voler la vedette par le "padre" Fernandel. Il ne manquait plus que la communion à l'entracte. Cela faisait une si bonne publicité à la religion catholique, que le public identifia mon grand-père au personnage. Il reçut des lettres complètement dingues où on le sollicitait en tant que prêtre pour des baptêmes ou des mariages. Il répondait qu'il n'était qu'un "curé de cinéma". Je précise qu'il s'occupait personnellement de la correspondance avec ses admirateurs. Pas de secrétaire pour faire l'intermédiaire. Aux "Milles Roses", il avait aménagé un véritable bureau de ministre. Il y passait parfois des journées entières à rédiger son courrier. Il collait les timbres en frappant un grand coup et la configuration de son bureau était telle que, sous l'impact, toutes les vitres du premier étage tremblaient. Après le choc, Henriette soulignait avec amusement :

"Tiens Fernand doit coller un timbre !".

Après ce "Petit monde de Don Camillo", les producteurs voyaient le trio Fernandel-Cervi-Duvivier comme trois puits de pétrole texans. Ils voulaient une suite. Duvivier consentit à tourner "le retour de Don Camillo", puis il laissa la mise en scène des suivants à Carmine Gallone. "Si on en tourne trop, bientôt on en arrivera à faire " Le fils de Don Camillo" ou "Don Camillo contre Dracula", expliquait Duvivier. Après tout, pourquoi pas... Toujours est-il que, vinrent “La Grande Bagarre de Don Camillo”, “Don Camillo Monseigneur”, et “Don Camillo en Russie”.

En 1971, Fernandel prit de nouveau rendez-vous avec le Christ. Mais cette fois-ci, sans soutane ni barrette, mais sous l’œil endeuillé de l’équipe de “Don Camillo et les contestataires”, dont Christian Jaque était le metteur en scène. Fernandel est parti rejoindre définitivement le plus prestigieux de ses partenaires. Les bobines des rushes moisissent depuis, dans les locaux de l’assureur du film. Les producteurs, pour ne pas perdre d’argent, bouclèrent ce sixième chapitre avec deux illustres inconnus. Cervi, en homme de cœur, refusa catégoriquement de se trouver face à un Fernandel de fortune et claqua la porte.

En 1991, alors que je venais d’avoir 8 ans, la ville de Brescello (là où toutes les aventures du curé de choc furent tournées) organisa les quarante ans du premier Don Camillo avec de multiples commémorations. Mes parents et moi prîmes la route de cette bourgade située au cœur de l’Italie. Sur l’autoroute, un embouteillage monstrueux paralysa toutes les voitures. Mon père sortit pour voir ce qui se passait. Soudain, un type lance à pleins poumons : “Oh ! Franco ! Come stai ?”. Tout cela avant que certains conducteurs sortent de leurs véhicules pour venir à la rencontre de Franck. Lorsque la circulation faillit redevenir fluide, mon père n’avait pas encore fini de discuter avec ces gens qui évoquaient “il nostro Fernandel”. Cela prolongea le blocus d’environ un bon quart d’heure. Certains avaient même débouché l’apéritif ! L’accueil des villageois italiens fut royal. Là-bas, nous attendait Tonino Cervi, le fils de Gino. Ils ne se connaissaient guère avec mon père. Pour les besoins des journalistes, ils se plièrent à imiter des mimiques de leurs géniteurs ou même à rejouer certaines scènes du film. Ce qui créa en un éclair une complicité étonnante entre eux. Une amitié presque évidente. On se serait cru en plein roman de Guareschi.

La chaleur écrasait toute la plaine du Pô, ce jour-là. Les cloches de l'église retentirent. Ces vieilles dames en acier trempé retrouvaient leur jeunesse. Comme si leur structure creuse renvoyait vers nous l'écho des joutes verbales d'un petit curé de province et d'un maire communiste…

En 1982, Terence Hill réalisa et interpréta un Don Camillo "new wave" en patins à roulettes. Le public ne le reçut pas en odeur de sainteté . Pourtant, le remake se révèle efficace, voire jovial. Pause culturelle pour situer Terence Hill, si toutefois vous ne le connaissiez pas. Ce célèbre acteur italien s'illustra dans les années 70-80 avec son facétieux complice Bud Spencer dans toute une série de westerns spaghetti et autres comédies à base de bastons et d'humour potache. Pour ma part, j'avoue que j'ai toujours été un inconditionnel de ce duo qui sait distribuer les baffes comme personne !

En 1994, ils présentèrent le dernier film qu'ils tournèrent ensemble, dans un cinéma marseillais. J'avais douze ans et mon père me fit la surprise de m'y emmener. Lorsque l'on a dit à Terence Hill que le fils de Fernandel était présent, il se jeta sur mon père, un grand sourire aux lèvres, et murmura timidement : "Franco, scusate mi !" (Franck, excusez-moi). En attendant, je tiens à dire que ces deux lascars sont absolument adorables.

Pour les Italiens, mon grand-père reste “Il nostro Fernandel”. Comme l’écrivit Pagnol, “ce n’est pas un vol, c’est une adoption !”

CHAPITRE 13

Fernandel "in London"

Mon grand-père avait peur de l'avion autant que les Gaulois craignaient de recevoir le ciel sur la tête ! Cette angoisse apparut à cause d'une théorie de Pagnol :
"Imagine Fernand, que la veille du voyage, le pilote ait trouvé sa femme en train de coucher avec son meilleur ami. Naturellement, dans la majorité des cas, le type va décider de planter l'avion pour se foutre en l'air, et il m'entraîne avec lui dans sa mort !".
Pertinent. Surtout lorsqu'on en connaît l'auteur.
Beunke, lui, certifiait à mon grand-père que la technologie aérienne se révélait d'une sécurité à toute épreuve :
"Vous savez, mon cher Fernand, vous pouvez me faire confiance. Lorsque j'étais pilote de ligne..."
"Arrêtez vos conneries, Beunke, vous n'avez jamais été pilote, vieux libidineux que vous êtes !".
Malgré les avis partagés de ces deux fins stratèges, mon grand-père trancha. Il emprunterait la voie maritime pour

se rendre à l'étranger. Notamment à Londres où il partit tourner un show sponsorisé par Chevrolet avec Bob Hope, un célèbre comique anglais. Mon grand-père parlait peu anglais. Il se contentait de faire mille et une grimaces pendant le show, ce qui ravit le public d'outre-Manche. Franck et Janine l'accompagnaient. Ils furent placés par la production dans l'hôtel le plus luxueux de Londres. Mais chez les Anglais, la bouillabaisse n'existe pas. Et si tant est que ce soit le cas, je ne préfère même pas savoir avec quoi ils la mijotent. Déjà qu'à Valenciennes, ils la font avec de la betterave. Si, si !!! Remarquez, pas besoin de safran, elle se teinte en rose immédiatement. La nourriture britannique ne convenait absolument pas à mon grand-père. Au petit déjeuner, tous les clients se retrouvaient autour d'un buffet immense où s'étalaient bacon, gelées de toutes sortes, œufs brouillés, etc… Pressentant l'émeute matinale, mon grand-père jugea bon de se faire servir sa collation dans sa chambre à l'abri des gêneurs. Il demanda le fameux café au lait accompagné de tartines de beurre. Le garçon d'étage lui mit sous le nez du thé au lait, avec en prime des toasts grillés, noyés sous de la marmelade gluante. La déception mêlée de colère fit faire des progrès fulgurants à mon grand-père. Il sut soudain trouver ses mots en anglais :
"No, I want bread ! Bread!"
"That's bread, sir", expliquait convaincu le serveur en désignant ses carrés de mie cramés.
"French bread ! Euh… pain-pain !", s'exclama-t-il avec fierté. Ce mot troubla profondément le malheureux garçon et le plongea dans un doute certain.

"Excuse me sir… pain-pain ?"
"Yes, pain-pain, fache de con !"
Imaginez Fernandel au réveil - avec la coiffure de circonstance - faisant de grands gestes, déambulant dans tous les sens pour obtenir du "pain-pain" digne de ce nom. Maniant allègrement anglais, français, expressions marseillaises, face à un serveur totalement désemparé, voire décomposé. Et tous les matins, cela recommençait de plus belle. Rien n'y faisait. L'un ne voulait pas se faire à l'idée qu'il fallait se plier à la cuisine locale. L'autre dût consulter toutes les encyclopédies existantes pour voir si ce "pain-pain", qui avait l'air si important aux yeux d'un Français, n'était pas une sorte de héros de la résistance nationale. Cela devint une sorte de jeu. Tant et si bien qu'au moment du départ, le serveur en question dit à mon grand-père :
"Goodbye Mister Pain-Pain!"
A part ce petit désagrément culinaire, le show fut une belle réussite. Bob Hope, en gentleman typique, offrit à Fernandel, Franck et Janine, une montre en or d'une très célèbre marque.
A son retour aux "Mille Roses", une autre surprise attendait la famille. Les docks de Marseille téléphonent. Une caisse en bois de quinze mètres est arrivée au port. Chevrolet avait envoyé à mon grand-père leur dernier modèle, une Bel Air. L'imposante bête fut livrée à la villa. Son heureux propriétaire la contempla avec solennité mais émit une légère objection. Avec une voix moins légère.
"Les vitres sont à ouverture manuelle ? Renvoyez-moi ça, je veux des vitres électriques !"

Il pouvait tout se permettre, alors pourquoi ne pas en profiter de temps en temps. Deux semaines après, il reçut, conformément à son désir, une Chevrolet Bel Air avec vitres électriques. Il en profita peu cependant. Un beau matin, il fracassa le moteur de l'engin, s'acharnant à démarrer en 4ème.
"C'est vraiment de la merde ce modèle ! Ils m'ont pris pour un stoufenaï (idiot du village) chez Chevrolet !"
En réalité, trouver une voiture américaine au milieu de ses rosiers ne déclencha pas en lui une émotion démesurée. En revanche, retrouver son "Pain-Pain", voilà qui le faisait friser de l'œil ! D'ailleurs, il adorait cuisiner lui-même. Il sortait toute la batterie de cuisine, même s'il ne se servait que d'une poêle. Quand Fernandel mettait la main à la pâte, la cuisine devenait alors aussi inviolable que le Pentagone. Thon à la Chartreuse, anchoïade, le plat du pêcheur… Je sens que ces noms sonnent à votre oreille comme ceux de constellations inconnues. Eh ! bien, vous n'avez qu'à venir les goûter vous même si vous passez par chez nous…
A table, si tout le monde ne s'exclamait pas vingt fois : "C'est excellent !", il piquait une de ses fameuses colères : "Alors, c'est pas bon ou quoi ?"
Ces gueuletons monumentaux inquiétaient le Docteur Plantevin - ça ne s'invente pas - médecin de famille. Un praticien aussi timide qu'efficace. Mon grand-père vécut presque toutes sa vie avec quatre grammes de cholestérol ! Mais ce n'est pas ce qui l'emporta…

CHAPITRE 14

Le petit monde des Contandin

Roméo vient de passer le portail. Toujours de bon matin. Ce vieux monsieur de 80 ans, au visage sillonné de rides pleines de candeur, est un peu l'âme de la maison. Il fait partie de ces anonymes qui font ressembler les “Mille Roses” à une grande pastorale provençale vivante. Ce Parisien d'origine - on lui pardonne volontiers - vint s'installer en tant que concierge en mai 1983, un mois avant ma naissance. Puis, il partit savourer une retraite bien méritée au calme du quartier de la Blancarde mais insista pour rester notre jardinier. Il est aux “Mille Roses” ce que Le Nôtre fut au château de Versailles. Lorsqu'il ratisse le gravier ou qu'il taille les arbustes, il a le geste précis. Vif. Les allées n'ont plus de secret pour lui. Aujourd'hui, il s'occupe avec délicatesse du bassin aux nénuphars, en face de la maison.

"Ça vous convient ?", me demande-t-il.
"C'est impeccable Roméo ! Mais dites moi pourquoi vous ne continuez pas à me tutoyer comme quand j'étais minot (gamin) ?"
"Ben, c'est-à-dire que même si je garde le privilège de l'âge, maintenant vous avez celui de la taille ! Parce que l'air de Paris, il vous fait drôlement grandir !". "Vous êtes adorable Roméo, continuez à nous faire un beau jardin".
Ses yeux s'embuent comme ceux d'un enfant à qui on dit "Tu as bien travaillé, je suis fier de toi !" Mes compliments envers lui doivent avoir un parfum de promesse.
Cela peut paraître un peu exagéré, mais chez nous, dans le Midi, le mot "domestique" n'existe pas. Nos "gens de maison" deviennent vite des proches, parfois des amis. Hors de question, comme le disait un homme célèbre, de "s'adresser à eux du haut du balcon". Depuis une vingtaine d'années, la majeure partie de notre personnel nous est resté indéfectiblement fidèle. Du temps de mon grand-père, il en fut tout autrement. A l'époque, il y eu un défilé de phénomènes.
A Carry le Rouet, ma grand-mère qui s'occupait toujours du recrutement, engagea un jardinier saisonnier pour assurer la période estivale. Il avait fait le déplacement de très loin pour venir travailler chez Fernandel. Henriette, face à l'enthousiasme évident du gars, décida de l'engager en lui allouant le grenier afin qu'il puisse rester à demeure.
"Vous savez, Monsieur, je vais vous laisser ce grenier mais depuis le temps qu'on n'y met plus les pieds, il faudra sûrement y donner un bon coup de propre. Il doit y avoir des araignées en pagaille !", prévint-elle.

"Oh ! Madame Fernandel, vous cassez pas le teston (tête), chez moi, les araignées, elles me tiennent les pieds du lit !". Le jardinier emménage, tout content, au beau milieu de ses amies les bêtes.
Un jour, la famille revient d'une journée sur le "Caméra". Mon grand-père rentre furieux car un yacht, qui l'avait reconnu, était venu tourner autour de son bateau. Faisant fuir, par la même occasion, tous les roucaous et autres girelles. Cela arrivait quelquefois et, en de pareils moments, on regrettait amèrement d'être un admirateur de Fernandel ! Si vous voyez ce que je veux dire… Avant de partir, il avait demandé au jardinier de tailler la pelouse. En rentrant, le travail avait bien été effectué, mais uniquement par endroits bien délimités.
"Mais monsieur Fernand, c'est normal, j'ai suivi l'ombre !"
Je tiens à vous rassurer. Même s'il peut nous arriver d'être un peu lascifs, les Marseillais, même les plus vrais, ne sont pas aussi feignants. Ils le sont encore davantage ! En attendant, le type est parti suivre l'ombre jusque dehors et ne remit plus jamais les pieds à "l'Oustaou de la Mar".
Mon grand-père s'était aperçu que le taux de natalité français chuterait rapidement s'il continuait à conduire. Il engagea plusieurs chauffeurs successifs pour piloter sa longue Buick noire. Il en invita un, au théâtre, pour assister à "Freddy" sa dernière pièce. Le soir, en le ramenant, le malheureux lui confia que la pièce était tellement ennuyeuse qu'il avait dormi. Il reçut son solde de tout compte en bonne et due forme.
Beaucoup plus tôt, les "Mille Roses" furent placées sous la responsabilité de Madame Olive. Elle a vu grandir mon

père, et en allumant son poste de télé quelques années plus tard, elle y vit le "pitchoun" qu'elle avait porté dans ses bras. Le lendemain, elle dit à ma grand-mère :

"Vous savez, hier monsieur Franck était dans ma télé et il m'a même dit bonjour !"

Cette brave dame était un peu dépassée par les avancées techniques de ce temps-là.

Tout au bout du jardin s'étend un paradis perdu. Une grande pinède sauvage, ombragée par d'imposants cyprès, voisine d'une ancienne ferme où, jadis, picoraient des dizaines de poules élevées en liberté. Aujourd'hui, il ne reste qu'un parc grillagé rouillé, dont la porte n'a même plus la force de claquer. Quelquefois, elle grince sous les brises automnales dans un bruit qui déchire la quiétude des herbes folles.

Ce sont monsieur et madame Rocchia, deux paysans fraîchement débarqués de leur Italie natale, qui s'y installèrent. Pour ces modestes ouvriers de la terre, ce morceau de nature avait des allures d'empire. Ils l'aménagèrent avec tout le talent et le respect qui caractérisent les méditerranéens. L'agencement du lieu n'a guère changé depuis. Rocchia discutait souvent avec mon grand-père, dans un patois napolitain que seuls les initiés connaissent. Apparemment Fernandel en faisait partie.

Plus tard, madame Rocchia tomba gravement malade, et son mari désemparé, ne s'en sortit plus tout seul. Il appela à la rescousse son fils Jean. Lui, travaillait dans une grosse entreprise où il avait une très belle situation. Par amour pour ses parents, il jeta ses costumes trois pièces et son attaché-case pour enfiler des "pataugas". Et il vint

s'installer au chevet de sa mère qui s'éteignit quelques jours plus tard. Puis, monsieur Rocchia père suivit sa femme peu de temps après. Jean s'était attaché à la terre. Il resta. Jusqu'à presque 85 ans, avant d'aller vivre chez son fils.
Cet homme était épatant. Jean nous apportait les tomates qu'il cultivait. Il en faisait un véritable événement en nous racontant comment il les avait plantées, choyées, cueillies. Petit, j'étais en admiration devant ce félibre Provençal. J'étais à peine adolescent lorsqu'il quitta les "Mille Roses". Sa trogne burinée me manque. Je me dis qu'il fait partie de ces gens trop rares, à ce jour presque tous retirés dans l'arrière pays. Ceux qui choisissent la vraie vie en faisant fructifier la terre. Et quand je reviens aux "Mille Roses", j'ai parfois envie de tout larguer pour planter mes tomates et mes cébettes.
A ce moment, une odeur bien agréable vient me chatouiller les narines. Une bouillabaisse mijote quelque part. C'est Janine, notre gouvernante, qui nous la prépare avec le poisson que Sauveur, son mari, a pêché lui-même.
"Oh ! Mon garri (petit), viens là mon gâté (chéri) que je te fasse goûter."
Le fumet est indescriptible. La faconde de Janine aussi. Elle habite le quartier des "Olives" et emploie des expressions uniques à chaque respiration. Nous l'avons surnommée "Super Janine", et nous lui avons offert une cape sur mesure frappée des initiales "SJ" en gros caractères. Parfois, elle l'endosse et fait trois tours sur la terrasse en criant "Wooou... Super Janine !". Elle est très réceptive et sent une présence qui la "surveille". Elle n'ose

pas aller étendre le linge plus loin que le périmètre de la terrasse. “Mon gâté, je te promets, je sens que ton grand-père m'espinche (espionne).”
Pour nous, elle fait des merveilles et dans nos soirées, elle s'impose souvent comme le clou des festivités, alors que Sauveur s'affaire à faire rôtir les sardines au barbecue. Mais pour l'instant, silence, Janine me raconte son dîner d'hier. “Avec Sauveur on est allé au restaurant. Ah ! C'était bon ! En dessert j'ai pris un banana “slip”. Par contre, c'était cher. On a payé un prix “gastronomique”. Figure-toi qu'en sortant du restaurant, on a vu passer une “espadrille” dans le ciel ! A minuit ! Qu'est ce qu'ils faisaient là tous ces avions ? “
Comme quoi, le rosé de Gémenos ne fait pas voir que des éléphants roses, sous le ciel de mon Midi…

CHAPITRE 15

Verneuil, Foucault et j'en passe…

Je ne sais pas si vous avez vu ces deux films exceptionnels, “Mayrig” et “588 rue Paradis”, qui sont, pour moi, deux des fleurons du cinéma français. Ce sont les œuvres ultimes du “maître” Henri Verneuil. Sous des allures de conte, il narre son parcours exceptionnel de jeune immigré arménien avec en toile de fond, Marseille. J'en profite d'ailleurs pour rendre hommage à cette communauté qui s'est implantée majoritairement dans le quartier de “Beaumont”, au début du siècle dernier, à deux pas des “Mille Roses”. Mon père y a un ami de longue date, Vanick, dont la philosophie de la vie est exemplaire. Les Arméniens font partie des plus dignes représentants du Midi. Ils confectionnent comme personne les fameux “dolomats” (feuilles de vigne), qui rivalisent sans souci avec l'aïoli, l'anchoïade et autres glorieuses spécialités. Voilà , c'est dit. Cela me tenait à cœur.

Pour en revenir à Verneuil, il contacta mon grand-père pendant une de ses rares retraites estivales aux "Mille Roses", en 1947. A l'époque, il était journaliste dans un quotidien marseillais et sa notoriété ne dépassait pas la porte d'Aix. Mon grand-père, furieux d'être ainsi dérangé à domicile, se voit proposer la chose suivante :
"Monsieur Fernandel, je vais tourner un court métrage cet été sur Marseille et je souhaiterais que vous en soyez le fil rouge. Malheureusement, je n'ai pas de budget, et je me demandais si vous accepteriez de le faire bénévolement".
Le coup de fil avait certainement laissé passer l'heure du pastis, et mon grand-père expédia Verneuil en ces mots :
"Ecoutez, l'été moi je pêche à Carry et vous feriez mieux d'en faire autant ! Et puis je suis trop cher !"
Heureusement Verneuil ne suivit pas ce conseil cynique. Au lieu d'acheter des hameçons, il se paya une enveloppe pour expédier le scénario du court métrage en question aux "Mille Roses". Il s'exposait ainsi, selon l'humeur de Fernandel, à ce que les pages servent à emballer le poisson attrapé dans les eaux de Carry. Mon grand-père fut séduit par le manuscrit et sacrifia son été pour Verneuil en lui disant : "Ecoutez, je vais vous le faire gratuit !". Le jeune metteur en scène avait intérêt à assurer. Il fallait une raison plus que valable pour arracher mon grand-père à ses "Mille Roses".
Verneuil ne fut pas bon, mais très bon ! "Escale au soleil" est un petit bijou et sa présentation à Marseille suscita un enthousiasme général. Verneuil réussit un double challenge, dont celui de décrocher l'estime de Fernandel. Trois ans plus tard, mon grand-père tourna "Meurtres",

un de ses meilleurs rôles dramatiques, sous la direction de Richard Potier. Dès son retour d'Italie, on lui proposa de tenir le premier rôle d'un drame paysan, "La table aux crevés", d'après le roman éponyme de Marcel Aimey. Il dit au producteur :
"Je le fais si vous engagez Verneuil."
L'ultimatum tomba sec. Le pari était ambitieux. Mais Fernandel, encore auréolé du succès de "Meurtres", fit vite comprendre au producteur que l'on se pliait aux exigences - même les plus dingues - d'un roi du box-office, dont la côte allait tripler grâce à son personnage de curé italien. Verneuil passa du statut d'illustre inconnu à celui de symbole du grand écran français. Il en parla avec émotion dans toutes les interviews sur son métier, et encore récemment :
"A cette époque, le fait d'être imposé par Fernandel représentait une chance immense. Je lui dois le début de ma carrière".
Mon grand-père, même s'il l'avait "enquillé", ne pouvait pas lui donner du talent. Or Verneuil en avait à revendre. "Nous avons tourné sept films ensemble, racontait le metteur en scène. Aucun n'est de qualité inférieure aux autres. Nous ne sommes jamais tombés dans la "Fernandellerie"." En clair : il désignait les films où, des scénarii maigres comme des "stoquefiches", obligeaient mon grand-père à pousser ses clowneries à l'excès pour sauver le désastre. Technique qui fonctionnait plutôt bien, car il n'est pas rare de lire dans les critiques télé "Le film est nul mais on retrouve Fernandel avec plaisir". Du moins des phrases dans ce style.

Il y eut “La vache et le prisonnier” qui resta longtemps à l'affiche. Mon grand-père clamait :
“Ce qui prouve que je suis un grand acteur, c'est que j'ai eu les plus prestigieux partenaires : Dieu et une vache !”.
Cette vache, mon grand-père s'y était attaché. L'animal n'obéissait qu'à lui sur le tournage. La production avait arraché, pour une somme très modique, ce ruminant à l'abattoir. Lorsque mon grand-père apprit que le destin de sa partenaire n'en était pas moins scellé et que Marguerite allait finir ses jours en steak tartare, il piqua une colère dantesque : “Si vous ne la sauvez pas de l'abattoir, dit-il au producteur, c'est vous qui irez !” Une menace efficace vu que Marguerite a terminé ses jours comme une princesse dans un pré de luxe…
Pour en revenir à Verneuil, leur collaboration la plus réussie reste, à mon goût, “Le fruit défendu”, où un homme d'âge mûr s'amourache passionnément d'une minette de vingt ans, interprétée avec grâce par Françoise Arnoul. Dans une scène, mon grand-père devait la gifler violemment. Pour les besoins techniques, il y eu plusieurs prises et donc autant de gifles. Fernandel, dès que Verneuil disait “coupez “, enlaçait Françoise Arnoul dans ses bras : “Oh Choise (diminutif de Françoise), ça va, je t'ai pas fait trop mal ?”, avec une vibration coupable dans la voix. En 1952, toujours avec Verneuil, ils tournèrent “Le boulanger de Valorgue”, une cinglante satire villageoise. Le film cartonna… en Allemagne ! Mon grand-père fit d'ailleurs le déplacement pour l'avant-première, avec un sourire “jaune”. Ayant connu l'Occupation fasciste, il voyait les Allemands d'un œil disons méfiant. Ce qui, à l'époque, pouvait se concevoir.

Son train entra en gare berlinoise dont le quai était investi par une centaine de boulangers qui formaient une haie d'honneur avec des baguettes. Le fait d'avoir du vrai "Pain-Pain" dès son arrivée, satisfaisait certainement plus mon grand-père que d'entendre l'hymne national du coin !

Cependant, en descendant du train, la foule vit Fernandel s'étaler entre la marche et les rails. Silence général. Il bondit comme un diable sort de sa boîte, fixa l'attroupement et lâcha :

"Vous êtes de vrais cons ou quoi ! Aidez moi !".

Personne ne comprit. Ce qui provoqua l'hilarité générale, certainement par respect pour Fernandel qui tentait apparemment de faire de l'humour à grand renfort de cascades.

Verneuil comptait parmi les rares personnes du "métier" admises dans l'antre des "Mille Roses". Le plus grand signe d'amitié que pouvait lui témoigner Fernandel, était de lui présenter sa femme. Face à Henriette, Fernandel passait le relais à Fernand Contandin. Le reste du "métier" se prenait le lourd portail vert des "Mille Roses" au nez. Seuls des gens, comme Verneuil, avaient le passe-partout de ce petit univers.

En 1991, Jean-Pierre Foucault m'invita sur le plateau de "Sacrée Soirée" pour une spéciale Fernandel. Une émission où mon père était naturellement l'invité vedette pour animer la soirée de ses chansons et anecdotes. Jean-Pierre voulut réserver une surprise à son ami Franck. Et cette surprise, c'était moi ! Il ne m'a pas fait venir avec un ruban rose noué autour de la tronche, mais me donna une

lourde responsabilité pour le gamin de 8 ans que j'étais : réciter, ou plutôt interpréter la célèbre tirade du bossu dans le film de Pagnol "Naïs".
Au bout d'un après-midi entier, confiné dans une loge pour éviter que mon père ne s'aperçoive de ma présence, un assistant est enfin venu me chercher. Il m'a placé devant un imposant rideau pailleté : "Jean-Pierre va t'annoncer, le rideau va s'ouvrir et ce sera à toi !".
Sur ces entrefaits, Foucault dit à mon père :
"Ce soir, j'ai demandé à un comédien exceptionnel de jouer Toine, le rôle que tenait ton père dans "Naïs". Et cet acteur c'est : Vincent Fernandel !".
Et j'ai fait ce que l'on m'avait demandé. Sans me rendre compte que je passais dans le direct le plus regardé du moment. Sans me soucier des techniciens qui couraient dans tous les sens derrière le décor et les caméras. Sans comprendre pourquoi une assistance entière avait les yeux rivés sur moi. Sans me douter non plus de l'angoisse du réalisateur derrière sa régie qui confiait, sans filet, un morceau de son prime-time à un gamin totalement inexpérimenté. Je l'ai fait avec l'innocence la plus totale, le regard braqué sur mon père, éberlué.
Il fallait que je mette toute ma conviction dans ce texte. Pour lui. Même sur un plateau télé, un enfant n'est pas intéressé par les sunlights et la célébrité. Tout ce qu'il désire, c'est que son père lui dise "C'est bien mon fils, je suis fier de toi."
A la fin de ma tirade, j'ai eu droit à une belle ovation. Si je vous raconte cela, ce n'est pas pour faire mon numéro.
En fait, quelques jours plus tard, Verneuil invita Franck

dans sa luxueuse demeure de Neuilly, la banlieue chic de Paris. Le maître dit à mon père :
“J'ai vu ton fils à la télé l'autre soir. Crois-moi, il a déjà vingt-cinq ans de métier !”
J'ai compris bien plus tard que ce compliment était un signe d'anoblissement de la part d'un homme de la trempe de Verneuil. D'ailleurs, au cours de cette visite chez lui, il me parla très longuement du cinéma, des acteurs, de mon grand-père. Comme à un professionnel. Moi, j'étais totalement abasourdi et béat d'admiration devant ce personnage qui contait les anecdotes comme personne. Je ne réalisais pas, du haut de mon très jeune âge, que j'avais le privilège de côtoyer une légende. Ce fut mon unique rencontre avec lui. Sa disparition m'a attristé, pas autant que Franck bien sûr, mais un peu tout de même. Cela m'a fait de la peine sans que je puisse vraiment expliquer pourquoi. Presque instinctivement en fait. Je me suis dit “Merde, j'aurais tellement voulu mieux connaître ce type.”
“Ton fils, il a vingt-cinq ans de métier...” S'était-il trompé ? Je préfère ne pas émettre d'opinion. Au risque de paraître trop modeste ou prétentieux. Dans cette aventure de gamin, une seule chose a vraiment marqué mon esprit. En sortant du plateau mon père m'a pris dans ses bras.
Il m'a dit la phrase magique :
“C'est bien mon fils, je suis fier de toi... Continue !”

CHAPITRE 16

Du côté de la rue des Abeilles

L'autre soir, mon ami Gino m'a téléphoné. Il venait de revoir mon grand-père à la télévision. "Ecoute, je viens de regarder Don Camillo et j'ai eu l'impression de te voir. Tu as la même démarche et beaucoup de gestes à lui." J'ai pris cette remarque d'autant plus au sérieux du fait que mes amis proches ne me parlent pratiquement jamais de Fernandel. Et encore moins Gino, lui qui est perdu - mais jamais égaré ! - dans les hautes sphères de la renaissance Italienne. Lorsque je vais dîner chez lui, dans son appartement de Maisons-Alfort, il enclenche en fond une cassette sur laquelle il a enregistré le bruit des rues romaines. Stimulus indispensable pour que Gino évoque l'Italie comme certains prêchent la bonne parole. Avec dévotion. Et Maisons-Alfort prend soudain des airs de Piazza di Spagna. Tiens, en parlant de cela, je me suis rendu pour quelques jours à San Remo avec mon plus fidèle et vieil ami, Boris. C'est le coffre chargé de victuailles et de chemises que nous sommes revenus en trombe jusqu'à Marseille, où nous avons entamé ces réserves avec ses parents. Ah ! Boris et ses parents... Des personnes rares qui n'hésitent jamais à distribuer quelques morceaux de leur cœur pour raccommoder le vôtre quand parfois la vie vous l'entaille. Ils m'ont "adopté". Je crois, de source sûre, que j'ai hérité cette fidélité de mon grand-père, qui, malgré ses coups de gueule, ne reniait jamais ses amis. Boris, après une de nos nombreuses parties de rire, m'a raccompagné aux "Mille Roses", et en sortant du centre-ville, nous sommes passés par une petite rue du 1er arrondissement. La rue des Abeilles. Un lieu de mon enfance où habitait Tantine Margot, la sœur d'Henriette.

Les dimanches chez Tantine, avec ses gâteaux au yaourt et ses émerveillements de vieille dame en me voyant grandir. Tantine vit toujours mais a préféré se retirer dans une maison de repos aux abords de Marseille. Pourtant, cette nonagénaire est la plus sémillante de ses compagnons de chambrée. Je suis allé la voir avec une grosse boîte de chocolats dont elle raffole. Cela doit d'ailleurs être son seul péché, elle qui a eu une vie de sainte. Encore une de ces bonnes fées qui se sont penchées sur mon berceau, sans se douter qu'un jour je deviendrais grand et qu'elle deviendrait petite. Pourtant, l'âge n'a pas atteint Tantine, à part un peu de poussière du temps qui lui a blanchi les cheveux. Elle ressemble à une petite fille avec sa voix fluette. Son visage n'est pas creusé par les balafres du temps, mais elle rit tellement que sa peau a fini par se plisser légèrement.

"Eh oui mon petit, tu sais, tous ces souvenirs avec ton grand-père et ta grand-mère, ils m'aident à vivre. Ton grand-père, c'était mon beau-frère théoriquement. Mais pour moi, c'était mon frère. On s'entendait bien. On riait beaucoup. Il me faisait toujours des blagues. Il me taquinait ! Il me disait : "Oh ! Margot, tu es chichiteuse, hein !". Mais on s'adôrait. Quand j'étais toute seule à la rue des Abeilles, il me faisait venir aux "Mille Roses" pour passer un séjour, avec Jean Manse, mon frère."

C'est incroyable de se trouver face à cette femme qui a vu partir toute sa famille et qui pourtant évoque cet âge d'or avec tant de gaieté. Lorsqu'elle voit un film de Fernandel à la télé, elle m'appelle et me dit : "Tu sais, j'ai vu Fernand l'autre soir ! Je les connais par cœur ses films mais alors quel acteur !" Croyez-moi, la plupart des gens qui aujourd'hui pourraient encore appeler mon grand-père par son prénom parce qu'ils l'ont connu, n'ont plus mal aux dents depuis longtemps. Dans le Midi, cette expression signifie moins dramatiquement qu'ils sont morts. Mais Tantine, elle, est bien vivante et vit avec son temps.

Soudain elle s'écrie : "Dis, mon petit, non mais, tu as vu l'équipe de France à la Coupe du Monde ? Franchement ! Moi, j'ai regardé les matches, et ben ! L'entraîneur n'était pas au point ! Ah ! Ton grand-père, il aimait ça le football. Quand il regardait un match, il ne fallait pas le déranger, comme quand il cuisinait !" A propos de cuisine, Tantine, dans ce domaine, oeuvra de nombreuses fois : "Un jour, alors que ton grand-père tournait "Crésus" dans les montagnes de Haute-Provence, il m'a appelée et m'a dit "Margot, je suis avec Giono là, et j'aimerais bien manger une bonne daube. Alors fais-en une et monte-la moi !".

Mon Dieu ! J'ai fait ça en quatrième vitesse et j'ai fait ça tellement vite que la viande n'était pas bien cuite ! Ton grand-père, il était pas fada, il savait quand c'était bon ou pas. Mais il était tellement gentil avec moi qu'il a tout mangé en disant que c'était délicieux !"

Tantine a naturellement côtoyé toutes les célébrités qui sont passées aux "Mille Roses". " C'est sûr mon petit, "voui, voui", j'ai connu tout le monde. Raimu, il venait souvent dormir aux "Mille Roses". Il venait se reposer le week-end quand il tournait aux studios de la Victorine à Nice. Un jour, il était arrivé très fatigué. Il avait vite mangé et était monté se coucher. Nous, sur la terrasse, on était encore à table à rire à gorge déployée. Et à un moment, Raimu a ouvert sa fenêtre en criant "Oh ! Oh ! Un peu moins de bruit ! On se croirait sur la Promenade des Anglais dans cette maison !" J'ai une amie que j'aime beaucoup, Florence, brillante conférencière en orthophonie. Elle a justement passé ses concours dans les anciens studios de la Victorine. Tantine m'a rétorqué, étonnée : "Ah ! Et ben alors maintenant on y apprend des métiers sérieux à la Victorine ?"

Et sur l'amitié Raimu-Fernandel, Tantine multiplie les anecdotes. "Ah ! Ils s'entendaient bien tous les deux. Ils se disputaient beaucoup mais gentiment. Un jour, ton grand-père l'avait amené à la pêche et lui avait fait croire en pleine mer que le bateau était tombé en panne… Ca a duré deux heures… Et quand Fernand lui a dit que c'était une blague ! Je me souviens, on était à Carry. Quand ils sont rentrés au port, ça a chauffé ! Sinon, ils avaient le même sens des valeurs. Ils n'étaient pas joueurs, ni superstitieux, ce qui souvent va de pair !" Je n'en doute pas. Mon grand-père n'était sûrement pas superstitieux de peur que ça lui porte malheur. "Mais je crois que celui avec qui il s'entendait le mieux, c'était Gabin. Un jour que Jean était à la maison, j'avais préparé les pieds-paquets. On est sorti de table à 16h et Gabin avait défait son pantalon tellement il avait mangé. Il appelait ma sœur "Iette" au lieu d'Henriette. En se levant de sa chaise, il lui a dit : "Je vais perdre connaissance cinq minutes dans le jardin". En fait, ça voulait dire qu'il allait s'allonger un peu. Il a dormi trois heures !" En finissant sa phrase, Tantine remet en place le col de son joli chemisier. Pas question pour elle de se négliger. Du reste, sa chambre est la seule qui n'empeste pas la naphtaline. Il y flotte une odeur de thé à la menthe. "Tiens, mon petit, sois gentil mon beau, attrape-moi ce livre, là sur l'étagère." L'ouvrage en question est une œuvre de Pagnol. "Ouvre-la et regarde la dédicace." Une pièce inestimable. Sur la page de garde, on lit une dédicace très soignée de l'auteur à son ami Fernand. Juste en dessous, l'écriture de mon grand-père, ronde et pleine, s'adresse à Tantine. "Fernand m'a fait un beau cadeau. Il m'a re-dédicacé le livre que Pagnol lui avait offert. Bien-sûr Pagnol, il m'en a signé plein lui-même. C'est mon frère, Jean Manse, qui s'entendait bien avec Marcel aussi. Mais alors ton grand-père et mon frère, ils étaient inséparables ! Mon frère, il peignait. Oh ! Pas des tableaux de maître mais il avait un joli coup de pinceau. Un jour, il y a un producteur très important qui est venu aux "Mille Roses", assez intellectuel, tu vois mon petit ? Bon, et bien à un moment, il a demandé à ton grand-père quel était son peintre préféré. Et tu sais ce qu'il a répondu Fernand ? "Moi, j'adore les petits chats avec les pelotes de laine que peint mon beau-frère. Et vous ?" Le producteur est resté couillon et n'a pas su comment réagir !"

Mon grand-père ne s'y entendait pas trop en art. Tout comme moi. Quand à la littérature, il lisait des romans policiers édités à la chaîne comme on tranche du saucisson. J'ai conservé toute sa collection où l'on trouve des titres aussi glorieux que "Sucez-les au miel" ou encore "Badaboum chez les truands". Comment pourrais-je mentir là-dessus ? Sur chaque livre est apposée, de sa main, la mention "Lu par Fernandel, le… à…" Un peu comme un sceau royal. Tantine revient à Raimu : "On parle de Pagnol là, et je me rappelle quand "La fille du puisatier" est sorti. Pagnol avait donné un des rôles principaux à Josette Day, qui était sa maîtresse de l'époque. Et sur les affiches de cinéma, le nom de Josette Day était imprimé en haut et ceux de Fernand et Raimu en bas. Quand il a vu ça, Raimu a dit, faussement désespéré "Té ! Fernand, voilà ! Blanche Neige et les deux nains !"

Franck n'a pas pu venir la voir avec moi. Il répétait son spectacle du soir avec ses musiciens. Tantine l'a pratiquement élevé et s'en inquiète toujours. "Et ton père ? Il va bien j'espère !" Je la rassure : "Oui Tantine, mais ce soir il fait un gala et il est bloqué sur la Côte à cause de ça." "Ah ! Mon Dieu, avant j'allais le voir partout ! Tu sais, toi et lui vous êtes comme mes propres enfants. J'espère qu'il a pris de quoi manger parce que je me rappelle que sur scène, il se donne beaucoup ! Moi, ce que j'aimais bien, c'est quand il jouait du piano dans ses galas. Ca plaisait beaucoup aux gens. Tu sais, cette passion, il en a hérité de ma mère, Joséphine. Franck prenait des cours au conservatoire de Marseille, mais elle n'avait pas les moyens de se payer un piano pour elle. Alors elle avait dessiné des touches sur un morceau de carton pour apprendre en attendant d'en avoir un vrai. Le jour où elle a pu s'en acheter un, elle était trop vieille et n'avait plus assez de force dans les doigts pour frapper les touches." Les jolies histoires de Tantine n'ont pas besoin de belles feuilles blanches à grain pour être écrites, mais d'un simple morceau de carton.

Henriette, aussi, jouait du piano, en chantant même. Avec mon grand-père, lorsqu'ils étaient adolescents, ils se produisaient souvent dans les mêmes cabarets. Plus tard, mon grand-père a interdit à tout le monde d'en parler. Ce secret de polichinelle n'a jamais transpiré car Fernandel ne voulait pas qu'on sache qu'une femme de sa famille exerçait ce métier. Mais j'ai mes sources. Et je fais jouer le droit de prescription !

Franck tient donc sa voix de sa mère. Mon grand-père s'en amusait : "Je suis un comique français qui a un fils qui chante comme les Américains !" Tantine me fascine. Nous avons discuté tout l'après-midi sans qu'elle ne montre le moindre signe de fatigue.

"Tu sais, Tantine, je signerai tout de suite à l'encre de Chine pour être comme toi à ton âge !"

"Tu es gentil mon beau, mais tu sais, je commence à croire que le Bon Dieu m'a un peu oubliée !"

Je n'en mettrais pas ma main au feu. Bien sûr Tantine a dépassé la fleur de l'âge. Mais Dieu a entendu ses prières, et il est pour elle le meilleur des jardiniers !

De la crique de Carry à la baie de Manhattan (Arrivée à New-York, 1953).

On aimerait bien être à sa place... avec Shirley Mac Laine

Avec Charlie Chaplin, un maître pour Fernandel.

Ebloui par Elisabeth Taylor.

Dans le Bronx, à Harlem, sous la protection de Sugar Ray Robinson.

Toujours fidèle à la France... (avec Verneuil sur le tournage de « la Vache et le Prisonnier »).

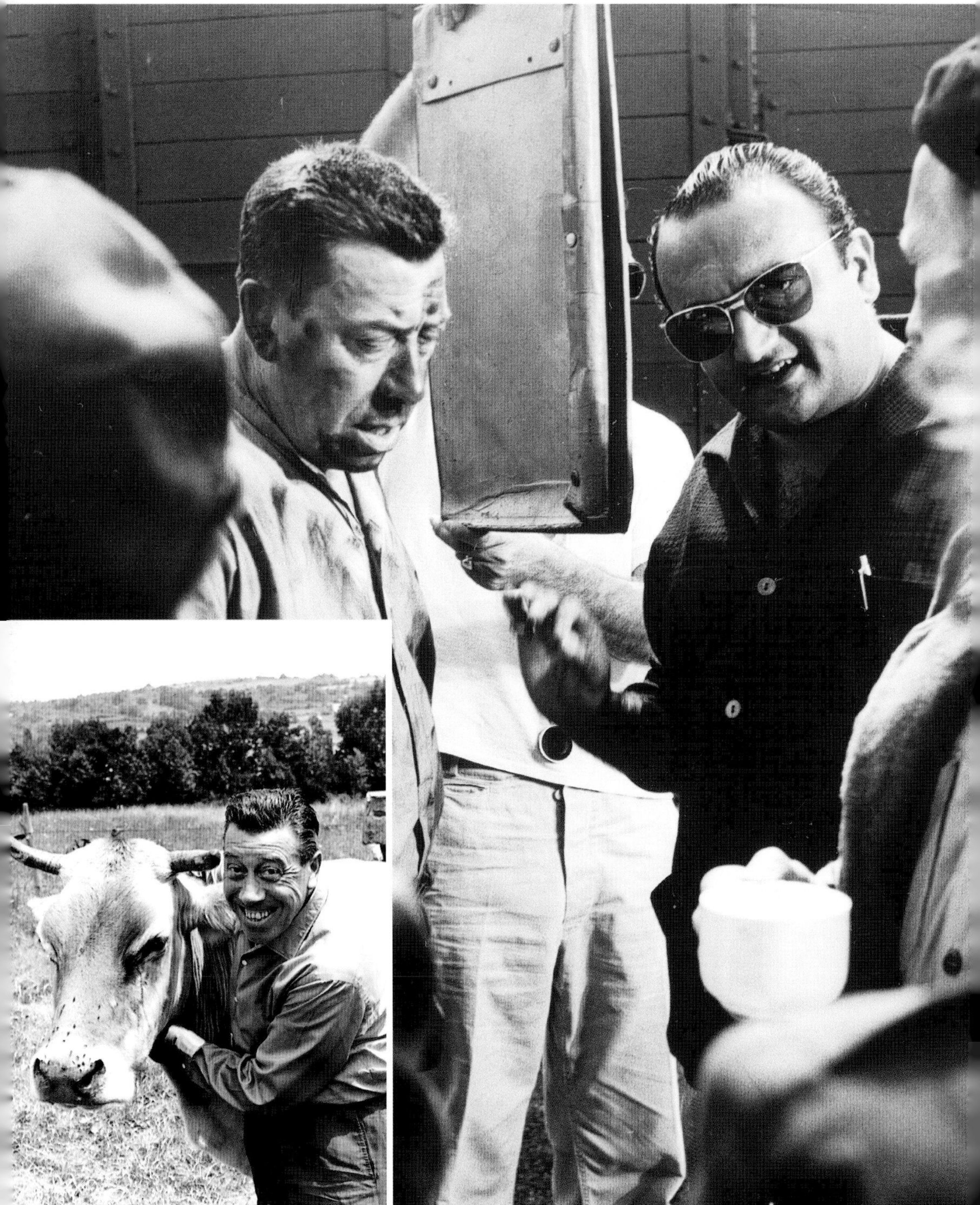

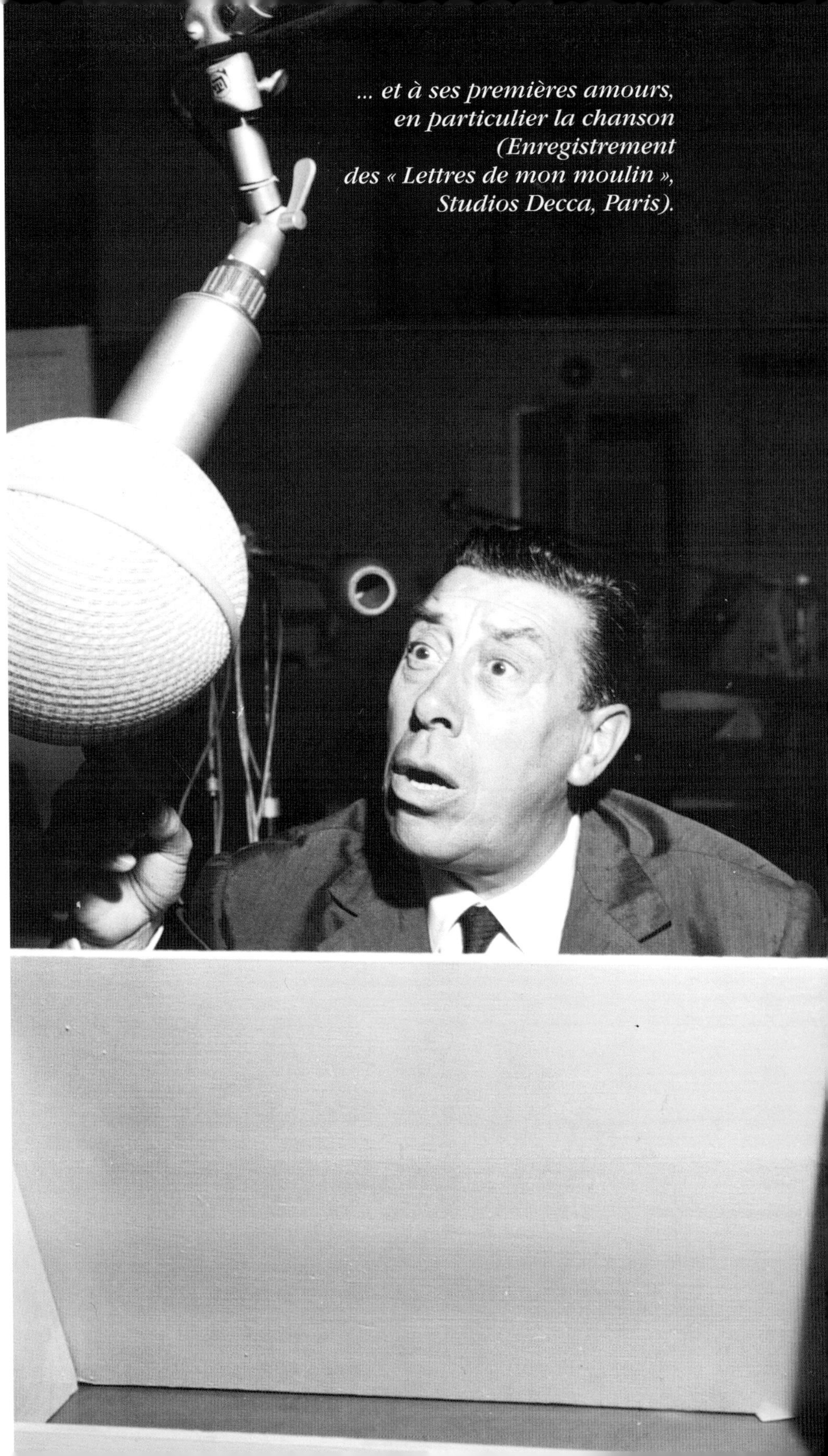

*... et à ses premières amours,
en particulier la chanson
(Enregistrement
des « Lettres de mon moulin »,
Studios Decca, Paris).*

Sans fard à l'armée...

...prêt au combat sur scène.

En compagnie de Franck sur les scènes canadiennes.
Ultime répétition de leur show.

Après le Carnegie Hall à New-York, le Gymnase à Marseille.

CHAPITRE 17

Artistes à la sauce tomate

Récemment, j'ai eu le privilège d'assister au dernier concert de Kylie Minogue. Un superbe tour de chant à l'américaine. En sortant du spectacle, un ami m'a dit : "Je me demande ce qu'aurait donné "Félicie aussi" avec tous ces effets !" La vision de mon grand-père habillé en motard version cuir ne m'a pas ravi ! De toutes façons, lorsqu'il débuta au music-hall, le costume de troupier était de rigueur. Il ne faut pas oublier que Fernandel commença par la chanson. A l'époque, le chanteur livrait un combat solitaire face à son public, et devait se surpasser. Souvent le matériel le plus perfectionné qu'il avait à sa disposition était un gramophone dissimulé dans les coulisses. Le public, lui aussi, se comportait différemment. Il n'applaudissait pas les produits "marketing" qu'on vous sert aujourd'hui à outrance. D'abord parce que cela n'existait pas. Le public savait reconnaître le talent et virer les artistes qui auraient mieux fait de pétrir du pain ou de s'engager à la mairie de Pampérigouste. Il y avait un grand théâtre, l'Alcazar, situé sur le cours Belsunce, en plein centre de Marseille. Tous les plus grands de l'époque s'y sont produits. Tous sauf mon grand-père. Cela fut sûrement souhaitable pour lui. Car lorsque l'on se produisait à l'Alcazar, on ne savait jamais dans quel état on en ressortait. Avec la tête haute ou les pieds devant. De grandes vedettes de Paris, ou d'ailleurs, pouvaient devenir une cible mouvante pour des tomates bien mûres, alors que "Bébert-de-la-Bédoule" et d'autres illustres inconnus régionaux remportaient l'enthousiasme général. L'Alcazar n'était pas une science exacte ! De nombreuses légendes, vraies ou vraisemblables, courent à propos de ce lieu mythique. On se transmet ces trésors de notre patrimoine de génération en génération, au coin de la "rue Longue" ou dans les allées "Gambetta". En s'arrangeant pour qu'un coup de mistral enveloppe, dans ses bourrasques complices, ces secrets et les transporte à travers toute la région. J'ai une envie folle de vous faire partager ces moments historiques.

Cette anecdote a fait le tour de France : un soir, Clara Tambour, passe en vedette surprise. Le présentateur arrive en scène et annonce avec un sourire étincelant : "Mesdames, Messieurs, voici mademoiselle Clara Tambour". Une voix s'élève dans la salle :

"Je la connais celle-là, c'est une pute !"

Avec un aplomb flegmatique inouï le présentateur poursuit :

"Quoi qu'il en soit, voici Clara Tambour"

Un autre soir, un type entre et entame une chanson. Dès qu'il ouvre la bouche, la salle s'aperçoit qu'il balance un paquet de notes "bleu marine". En gros, il chantait faux comme une baderne ! Au balcon, un gars hurle : "Oh ! Elle le sait ta mère que t'es là ?"

Cette réplique récurrente équivalait à l'Alcazar à l'appel du 18 juin : autrement dit, LE signal. Le malheureux s'est reçu des tomates, des concombres, des aubergines… Et ce pendant trois chansons qu'il a réussi, tant bien que mal, à interpréter jusqu'au bout. Comme il l'a dit au régisseur, en coulisse, une fois la bataille achevée : "Si on les écoutait, on ne chanterait jamais !" On a le cœur vaillant dans le Midi. Il valait mieux car les gens pouvaient entrer avec n'importe quoi : des légumes bien sûr, des œufs pourris, du lait caillé… Une fois, un spectateur a balancé sur la scène quatre cageots entiers de favouilles (crabes) vivants qui se sont répandus dans les moindres recoins de la salle qu'on fut obligé d'évacuer.

Parfois, ces jeux du cirque modernes devenaient plus dangereux. Un soir, une pastèque fut lancée avec tant d'ardeur qu'elle se fendit en deux sur la tête de la victime du moment, un chanteur de Tarascon, dont la femme tricotait en coulisses avec un désintérêt évident pour l'accueil réservé à son conjoint. Le régisseur affolé lui bredouille : "Vous savez Madame, ici le public n'est pas facile." Et elle de répondre, impassible, avec une résignation tragique : "Oh ! Mon pauvre monsieur, c'est rien. Hier à Beaucaire, ils ont failli le tuer." Cela devenait un jeu entre l'artiste et le public, même si souvent, l'assistance manquait de finesse et de tact. Comme le jour

où un petit vieux plié en quatre entre en scène avec peine. Le temps qu'il atteigne le micro, on aurait pu abattre un âne à coups de figues molles… et surtout transformer cet ancêtre en ratatouille vivante. Malgré tout, il se saisit du micro dans un silence religieux. Avec une voix tremblante, il annonça : "Je vais vous chanter une chanson du regretté "un tel", de "un tel" qui nous a quittés et d'"un tel" récemment disparu". Soudain, un type se lève :
"Oh ! Vieux grigou (débris), va faire ton tour de chant au cimetière !"
Si le régisseur n'avait pas surgi en scène pour dégager le petit vieux, il aurait été enterré vivant sous les kilos de boustifaille qui partirent directement dans sa direction.
Chez nous, on ne rit pas comme tout le monde. On rit DE tout le monde. De nous y compris.
Pour en revenir à Fernandel, au début de sa carrière au music-hall, il fit les beaux jours du théâtre du Gymnase dirigé par le Père Franck, figure incontournable du show-business marseillais. Il était capable d'accueillir les pièces classiques les plus prestigieuses ou, selon son humeur, de travestir les "dames" de la rue Curiol en oranges pour assurer, selon son expression, les "gros visuels" des revues fantaisistes.
Lorsque mon père est né, Fernandel jouait avec succès l'opérette "Ignace". Le Père Franck fut choisi d'emblée pour être le parrain de mon père. Il le gâtait beaucoup et réservait toujours pour son filleul une loge privée afin qu'il puisse s'initier très tôt aux joies des planches. Pendant les représentations, le Père Franck entrait souvent dans la loge de mon père en s'exclamant bien fort au milieu du

spectacle : “Ça va mon filleul chéri ?”. Cela ne surprenait guère les habitués, mais insupportait les troupes itinérantes qui redoutaient déjà leur passage face aux Marseillais. Un public redoutable.

Un jour, le Père Franck fit venir “L’Aiglon”, un trésor du classique durant une semaine. Mon père assista à la pièce tous les jours. Les comédiens eurent régulièrement droit à l’intrusion intempestive de la réplique “ça va mon filleul chéri ?”, au beau milieu de leur texte. Le dernier jour, un acteur a interrompu son monologue pour lancer : “On fait toujours autant de bruit dans cette loge où l’on ne paye jamais !”. En quittant la scène comme un prince.

La première revue que joua mon grand-père s’intitulait “Oh ! Qué combine !” Plus tard, son succès donna lieu à une tournée à travers toutes les Bouches-du-Rhône, ce qui, pour l’époque, était déjà énorme. Avec quelques membres de l’équipe, il se livrait sans cesse à des concours de pets. Un moyen comme un autre de tuer le temps à l’entracte.

Un jour, il lui prit la folie de gonfler un figurant avec une pompe à vélo. Ce qui aurait dû assurer au cobaye une œuvre unique en son genre. Le gars se retrouva gonflé à bloc mais fut incapable, malgré les efforts que l’on peut imaginer, d’expulser l’air. Le rideau se lève et il rejoint son poste de hallebardier, au fond du décor, le ventre prêt à éclater. Mon grand-père sort de la coulisse, entame le premier couplet de sa chanson, quand soudain, le hallebardier lâche la pression en se livrant à un chorus pour le moins inhabituel… Peut-être le trac ? En tous cas, ce n’est pas à l’Opéra Garnier de Paris qu’on aurait pu assister à cela !

En parlant de Paris, un grand moment me revient à l'esprit. Bruno Coquatrix, fondateur et ancien directeur de l'Olympia, débarque à l'Alcazar de Marseille en demandant après Trébor, le directeur. Le régisseur qui le reçoit refuse de réveiller son patron à l'heure de la sieste. Coquatrix, n'étant pas rompu aux us et coutumes méridionaux, insiste avec force :
“Ecoutez, vous savez qui je suis ? Je suis Bruno Coquatrix de l'Olympia de Paris ! Réveillez monsieur Trébor, j'en prends la responsabilité !”.
Le régisseur s'exécute et crie dans le couloir menant au bureau :
“Oh monsieur Trébor, y'a monsieur “Coquatrois” de “l'Olympique” de Paris qui vous demande !”
“Tu rigoles ou quoi mon petit ? Je ne veux pas voir de joueurs de foot dans mon théâtre !”
Aujourd'hui, le Gymnase accueille toujours son lot de “védettes”, comme disait le Père Franck. Mon père y fêta ses trente-cinq ans de carrière en 1995, accompagné par le Big Band de René Coll.
L'Alcazar, fermé si je ne m'abuse depuis le début des années 60, a été démoli pour y construire une bibliothèque. Pour moi, c'est un sacrilège. Une incongruité totale. On aurait pu transformer ce colisée marseillais en un merveilleux musée. Une bibliothèque… Comment va-t-on faire pour parler à voix basse dans cet endroit où tant de fantômes hurlent de rire ?

CHAPITRE 18

Fernandel globe-trotter

Très vite, le cinéma prit le pas sur la chanson dans la carrière de mon grand-père. Il bouclait entre deux et quatre films par an, et les tournées de galas demandaient trop de déplacements continuels pour qu'il puisse s'attaquer de front à la chanson. Il ne pouvait pas être partout à la fois. Et à ses rares moments de liberté, il préférait dépeupler le plancton des eaux Cariennes, au lieu de se crever sur les routes de France. Malgré tout il resta sous contrat d'exclusivité avec la firme Decca dont les exigences étaient claires : distribuer un quota régulier à l'année de productions discographiques de Fernandel, quelle qu'en soit la qualité. Il faut se méfier des engagements que l'on prend avec un Marseillais, surtout lorsqu'ils se révèlent contractuels ! Mon grand-père avait très bien compris le message : il suffisait d'enchaîner les séances sans se préoccuper de ce qui allait être gravé sur microsillons. Mettez-vous à sa place. Sa célébrité atteignait des sommets et sa simple renommée suffisait à écouler ses disques. Même s'il chantait n'importe quoi. Ce qu'il ne se priva pas de faire. "Mon âne s'appelle boufigue", "Bagnoles, pépées, pépettes", "Ma femme fait du judo". Voilà à quoi se résuma rapidement son répertoire ! Ses succès à textes remontaient à "l'an pèbre" (longtemps). Il s'en foutait complètement, du moment que les royalties tombaient. Et surtout, le public ne faisait pas la différence. Pourtant, quelqu'un se souciait de cette pénurie de bonnes chansons. Mon père. Il fit remonter mon grand-père sur scène, en dégotant des textes pourvus d'un impact comique digne de lui. A l'époque, Franck arriva en quelques disques comme un chanteur de charme, à imposer sa voix de velours dans une France saturée de "yé-yé". Le parolier attitré de Franck, Raymond Mamoudy, proposa à Fernandel "Les gens riaient", sorte d'autobiographie pétrie d'humanité. De nombreux auteurs de talent lui emboîtèrent le pas. Au final, Fernandel se préparait à un come-back tonitruant au music-hall. Mais l'événement prit des proportions inattendues. Toujours grâce à Franck.

Un jour, mon père présente à son directeur artistique l'adaptation française d'un titre italien "Les yeux d'un ange".

Ce disque se classa, dès sa sortie, à la première place du hit-parade... quebecois ! Pendant un an ! Philips, la maison de disques de mon père, réussit à le convaincre d'enfiler ses moon-boots et son bonnet pour entamer une tournée au Canada. Pays d'où est d'ailleurs originaire mon chanteur favori, Gino Vannelli, le summum en matière de jazz-rock.

Philips et Decca se mirent d'accord pour combiner simultanément la promotion de leurs deux artistes respectifs : Fernandel et Franck s'embarquèrent pour une quinzaine de galas dont Chicoutimi, Sherbrooke ou encore Drumondville. Mon père "prêta" son trio à mon grand-père. Et quel trio ! Je ne résiste pas au plaisir de vous présenter ses membres. Jean Sala cumulait les casquettes de pianiste et chef d'orchestre. Sala, il n'en existe pas deux comme lui… Ses doigts sur le clavier font des prouesses aussi impressionnantes que son sens de l'à-propos. Il fait partie des "clients" réguliers des "Mille Roses", où entre deux impros à la Chick Corea, il nous régale de ses anecdotes dont il pousse la loufoquerie jusqu'à l'extrême. Lui qui a l'allure du parfait ecclésiastique.

Mon grand-père, qui l'impressionnait beaucoup, le rebaptisa "sardine", à cause de sa maigreur chronique qui le fait ressembler à la momie de Ramsès II. Sans les bandelettes. Blague à part, les mains de Sala fourmillaient et fourmillent toujours, d'un talent immense qu'il mit au service de grands tels qu'Aznavour ou Mireille Mathieu, pour ne citer qu'eux. Franck et Sala étaient liés par une grande complicité qui a déteint aujourd'hui sur Géraldine, la fille de Jean, et moi. Géraldine, elle, mène une carrière méritoire de chanteuse de jazz au Canada.

Le batteur, Gaston Ménassé, ne choisit pas un métier qui, pour lui, se trouvait à portée de main… car il lui manquait la gauche ! Garanti authentique : un batteur manchot qui fixait la baguette à son avant bras au moyen d'un gros élastique. Mon père le surnommait "la pougne" (la main). Sala trouva néanmoins une consolation au pauvre estropié. Lorsqu'ils se produisaient avec mon père sous des chapiteaux en toile cirée, les deux compères se précipitaient à la sortie dès le dernier accord placé. Sala se planquait de dos au chapiteau, tandis que de l'autre côté, La Pougne glissait son bras entre les jambes de "Sardine", à l'endroit stratégique qu'on imagine...

Inutile de vous décrire la tête des gens qui, dans la pénombre, voyaient le pianiste rachitique qu'ils venaient d'applaudir, exhiber un appendice démesuré ! L'illusion, en pleine nuit, était parfaite. Seul le bassiste était à peu près normal, ses excentricités mises à part. Il faisait tenir son instrument autour de lui avec un morceau de ficelle.

Exceptionnellement, mon grand-père accepta de voyager en avion. Ce qui le plongea dans une angoisse terrible. Pas autant que Sala qui, pour conjurer sa frayeur, avait ingurgité une dose massive de somnifères. Pendant le trajet, l'appareil traversa une forte zone de turbulences. Tous les voyants lumineux se sont mis à clignoter. Le bassiste, pour plaisanter, secoua Sala qui sortit brusquement de sa torpeur : "Jean, réveille-toi, l'avion va s'écraser !". Ni une, ni deux, Sala courut se barricader aux toilettes. Mais la frayeur lui bloqua totalement les vannes. Il resta constipé une semaine durant. Mon grand-père qui, toute sa vie, souffrit de problèmes digestifs, se bourrait d'un médicament nommé "Bismuth", qui n'arrangeait rien à son affaire d'ailleurs.

Il en offrit toute une boîte à Sala pour le "débloquer". Rien n'y fit. Pour le plus grand bonheur de mon grand-père qui branchait Sala à cœur joie. A l'hôtel où ils logeaient, il y avait un grand escalier. Il dominait la réception qui grouillait sans cesse de nombreux clients.

Tous les matins, mon grand-père se planquait pour guetter l'arrivée de "Sardine". Dès qu'il l'apercevait, il jaillissait de sa cachette et hurlait à la cantonade : "Alors, Sala, vous avez cagué ce matin ?" Le pauvre répondait timidement, fusillé par tous les regards : "Pas encore Fernand, pas encore !" Mon grand-père en avait fait son "souffre-douleur". C'était devenu un jeu. Sala était coutumier des fous-rires et il n'en fallait pas beaucoup pour le déstabiliser. Mon grand-père se faisait alors un malin plaisir, lorsqu'il reculait sur scène pour saluer le public entre les chansons, de péter dans le creux du piano. Ce qui plongeait Sala dans un état d'hilarité sans fin.
Au cours d'une répétition, le bassiste trouva le moyen de se casser le pied. Le soir, il arriva plâtré au concert, et pour masquer cela, posa son ampli devant ses pieds. Au milieu d'une chanson, mon grand-père arrêta la musique, se tourna vers le bassiste et dit : "Allez, viens-là, Pantoufle, que les gens puissent te voir." Ce genre de numéro "à la Fernandel" ravissait le public.
Au Canada, la notoriété de Franck dépassait celle de son père. "Les yeux d'un ange" provoquèrent une véritable folie. A l'aéroport, mon père fut assailli par une meute de journalistes qui montrait plus d'enthousiasme envers lui qu'à l'égard de Fernandel. Mon grand-père demanda, faussement agacé, à l'attaché de presse :
"Et les télés pour moi c'est interdit ou quoi ?"
"Vous n'en avez plus besoin ! Et puis, de toutes façons, vous n'avez plus de tubes à vendre", lui rétorqua-t-il.
"Ah non ? Dites-moi jeune homme, "Félicie aussi" ça vous dit rien ?"

La neige ne l'empêchait pas de piquer ses petites colères méridionales. C'était sa façon à lui d'exprimer la fierté qu'il ressentait pour son fils.
Le premier concert eu lieu Place des Arts à Montréal - le 10 février 1968 - devant un parterre de quatre mille personnes. Mon père passait en première partie. Sala attaque l'intro des "Yeux d'un ange", et mon père entre en scène. Un véritable triomphe. Je crois que Franck n'a jamais connu pareil engouement. Il trouva, là, sa meilleure place. Dans la coulisse, mon grand-père, éberlué, demande à son fils :
"Mais c'est quoi ça ?"
"Ça, Papa, c'est le hit parade !"
Cette considération marketing passée, Fernandel n'eut pas à rougir de sa prestation. Il suffisait qu'il contemple l'assistance en fronçant du sourcil pour déclencher la rigolade générale. Mon grand-père alla même jusqu'à balancer du Vincent Scotto - le plus prolifique des auteurs méridionaux - pendant une demi-heure, ainsi que "La chèvre de Monsieur Seguin" d'Alphonse Daudet.
Sa popularité n'était pas des moindres de l'autre côté de l'Atlantique. A New York, lorsqu'il tourna "L'ennemi public n°1", sous la houlette de Verneuil, je mentirais en affirmant qu'il déclencha des émeutes. Mais certains passants se retournaient sur lui : "Oh ! It's Fernandel !". A part Aznavour, peu de Français pouvaient se vanter de cela au pays de la Grosse Pomme. D'ailleurs, un impresario très célèbre proposa à mon grand-père de s'installer aux Etats-Unis pour un énorme cachet. Mais son Marseille valait tout l'or du monde !
Cela me rappelle qu'un célèbre photographe, Philippe

Halsman, réalisa une "interview photographique" intitulée "The Frenchman". Fernandel y répondait à des questions par le seul truchement de ses mimiques. Ce livre fut un réel best-seller en Amérique et toucha même certains admirateurs insoupçonnés comme le raconte Halsman dans une lettre adressée à mon grand-père en 1950 : "Mademoiselle Margot Einstein, la fille du prof Einstein, m'a raconté que le plus grand cerveau de notre siècle, était ravi de votre livre et a ri aux larmes. Il vous admire beaucoup comme acteur." Toujours aux USA, il participa au "Perry Como's Show", une célèbre émission de l'époque diffusée sur 165 chaînes, devant 70 millions de téléspectateurs, pour la rémunération presque indécente de mille dollars la minute contre un simple sourire. De quoi réellement éclater de rire !
Revenons au Canada. Après ce premier show, mon grand-père dit à Franck :
"Tu sais, c'est un beau carton que tu as fait. Il vaut mieux que ce soit moi qui passe en première partie."
L'humilité des grands, même si cela ne changeait rien au show.
Quelquefois, il arrivait à mon grand-père d'être victime de trous de mémoire. Avant d'entrer en scène, il demandait à mon père :
"Té ! Figure-toi que j'ai oublié les paroles de tel titre. Tu les connaîtrais pas, par hasard ?"
Il improvisait et comblait ses lacunes par toute une série de grimaces qui faisaient passer la pilule sans aucun souci. Franck, lui, tremblait dès qu'il voyait son père serrer ses pouces dans la paume de sa main. C'était le seul tic qui trahissait ses oublis. A quoi pouvait-il bien songer ? A

toutes les bonnes daubes qui, à Marseille, se perdaient pendant son absence ? Comme vous vous en doutez, les donuts au sirop d'érable n'emportaient pas son adhésion ! Jusqu'au jour où, au coin d'une rue, un restaurant annonçait au menu : "French Daube". Toute l'équipe se rue à table. On leur servit un morceau de veau froid baignant dans de la confiture de cerises. Mon grand-père interpella le patron : "Escroc ! Vous appelez ça de la daube ?" Cela coûta au cuisinier un bon quart d'heure de remontrances. Et une leçon de cuisine forcée.

Au terme de la tournée, le père et le fils donnèrent une ultime représentation au Carnegie-Hall, à New York où mon père eut successivement droit à "Franck Fernandel, l'Yves Montand de sa génération" et, honneur suprême "Franck Fernandel, un Sinatra venu du chaud." Véridique. Pas comme les élucubrations d'un de ces "jobastres" (fous) dont nous possédons le secret de fabrication dans notre Midi. Cet anonyme clamait aux quatre coins de Marseille : "Mais moi, pendant la guerre, j'ai chanté devant les Américains !". Jusqu'au jour où un type s'en est mêlé : "Eh ! Vouais ! Il a chanté devant les Américains, c'est vrai. Et il était tellement mauvais qu'on lui a jeté un gratte-ciel dessus, pierre par pierre."

Mon père retourna souvent au Canada par la suite, seul cette fois-ci, toujours accompagné par son trio de choc. Il écuma tous les lieux où il pouvait chanter. Des salles de grand standing aux cabarets minables qui ne tenaient debout que grâce aux piliers de bar. Il donna même un show devant une réserve entière d'Indiens Américains. Les copies conformes de ceux que l'on voyait dans les vieux westerns. Raides comme les plumes qui se dressaient sur leur tête, sous l'œil incrédule de Sala. "Tu sais avec ton père on a vraiment tout fait !", m'a-t-il confié. On a souvent proposé à mon père de s'installer au Canada. Il s'y refusa catégoriquement à cause de la température, tout simplement. C'est tout Franck ça. On lui parle show-biz, il répond météo. Là-bas, une carrière exceptionnelle l'attendait.

Il ne boudait pas pour autant les déplacements professionnels périodiques. Avec mon grand-père, en reprenant la même formule, ils se produisirent au Maroc devant le roi Hassan II, à Rabat, puis à Casablanca. Mon père emmenait toujours dans ses valises son homme de confiance, secrétaire et régisseur, Paul Coppel qui, bien plus tard, devint son impresario et ami occasionnel. Ils se fâchaient souvent pour se jeter dans les bras l'un de l'autre peu de temps après. Ça ne vous rappelle rien ?

Paul, à cette époque, sombrait dans une déprime provoquée par de fréquentes querelles conjugales. Un technicien, s'apercevant de son état, lui tendit un pétard absolument monstrueux. Paul en fuma pendant toute la répétition comme on croque des "chi-chi frégis". Le soir, le roi du Maroc eut l'avantage d'applaudir des Fernandel colorés. En fait, Paul était tellement défoncé à l'herbe qu'il s'amusa à faire tourner une roue en gélatine de toutes les couleurs devant la poursuite (gros projecteur principal). Mon grand-père, furieux, enguirlanda copieusement le farceur qui avait ruiné le tour de chant. De retour en France, en descendant de l'avion, Paul extirpa de ses valises un sachet rempli de cinq kilos du produit

The Royal Embassy Hotel

Montréal le 22 Février 1968

Mon Cher Reynaud,

Demain je quitte Montréal à destination de Paris par la voie des airs et samedi matin je retrouverai avec joie la capitale et la famille, après une tournée triomphale à travers le Canada où le succès a été grand, mais mon passage au Carnegie Hall à New-York comptera parmi les plus grands de toute ma carrière Franck qui chantait pour la première fois en Amérique a conquis ce public composé de Français et d'américains parlant notre langue, même ceux qui ignoraient le français étaient emballés, tournée fatiguante mais combien agréable devant un accueil pareil.

Si le public était chaud, la température est glacée, c'est l'époque des plus grands froids et 20 à 25 au dessous c'est normal pour les Canadiens, pour nous ça pince, heureusement que le climat de France va nous réchauffer. Toutes mes amitiés par avion

Fernandel

SHERBROOKE AT PEEL, MONTREAL, CANADA

hallucinogène : “Ma femme me manque. Ce soir, je vais me défoncer au joint.” Arrivé aux “Mille Roses”, Paul se roula un calibre monumental et l’alluma sur la terrasse. Il ne fut pas déçu par la saveur du produit. Le dealer avait bien refourgué à Coppel 5 kilos d’herbe. Mais aromatique : du thym, du romarin, il ne manquait plus que deux merguez et trois côtelettes pour faire un barbecue ! Des herbes payées à prix d’or alors qu’il aurait pu en ramasser gratuitement dans le jardin. “Aqueou” (sacré) Paul !

Mon grand-père tomba amoureux du Maroc dont il disait : “C’est le seul pays qui m’a accueilli avec une chaleur humaine digne des Marseillais.” Et pour une fois, il appréciait la cuisine locale, qu’il avait déjà eu l’occasion de goûter lorsqu’il tourna “Ali Baba” en 1954, sous la direction de Jacques Becker. Les extérieurs furent intégralement réalisés en décor naturel, à Taroudant aux portes du désert. Ce film reste son succès populaire le plus fort.

Une de mes amies m’en parlait encore récemment : “Quand j’ai le cafard, j’enclenche “Ali Baba” et dès que j’entends Fernandel chanter, je retrouve le moral.”

Ce sont surtout les gosses qui me parlent de ce film. Les copains de Manon, ma sœur, en sont fous. Fernandel marque encore leur génération. Les chansons, c’est Jean Manse, le frère d’Henriette, qui composa celles de ce film. Mon grand-père et lui étaient les meilleurs amis du monde et leur collaboration artistique est inscrite plus d’une fois aux génériques des succès de Fernandel. Sur “Ali Baba”, un assistant vient trouver mon grand-père : “Monsieur, il y a l'émir le plus influent du pays qui souhaiterait vous saluer et assister aux prises de vue." S'amène alors un gros barbu croulant sous d'imposants bijoux. Il fait mille politesses à mon grand-père par l'intermédiaire du traducteur de la production et s'installe dans un fauteuil jusqu'à la fin de la journée en adressant quelques signes de tête approbateurs entre les prises. Avant de quitter le plateau, il invita mon grand-père à souper dans son luxueux palais au terme du tournage. Le lendemain, Fernandel ne tarit pas d'éloges sur le mystérieux émir. Il fut très vexé lorsque Jean Manse lui avoua qu'il s'était grimé et que l'interprète était complice de sa blague. "Mais arrête tes conneries, Jean. C'était un vrai émir. Si c'était toi, je t'aurais reconnu.", se défendait-il. Il ne voulut jamais croire que son beau-frère réussit à lui tendre un piège aussi bien ficelé. A moins que sa fierté méridionale ne l'empêcha d'avouer qu'il était tombé dans le panneau.

CHAPITRE 19

Descente de Marseillais à Monte-Carlo

Mes errances estivales m'ont conduit jusqu'à Cap d'Ail, une délicieuse ville-corniche qui constitue la dernière ligne frontalière avant que le drapeau monégasque ne vous flotte au-dessus de la tête. J'y ai tourné un documentaire cet été. J'en ai profité pour déguster l'excellente focaccia que l'on sert à la "Réserve de la Mala". Un petit bout de crique ombragée qui demande, pour s'y rendre, que l'on descende la bagatelle de deux cents marches, aussi tordues que le sentier qui les longe. En arrivant, on est bien content de s'abreuver de quelques tournées de "pastagas". C'est en remontant que l'on regrette ! J'ai dîné à la Mala avec Xavier Beck, le maire de Cap d'Ail. Chemise ouverte et dossiers politiques fermés, il m'a appris que Sacha Guitry possédait, de son vivant, une villa sur les hauteurs de sa commune. Saviez-vous que ce grand comédien offrit à mon grand-père son premier rôle au théâtre en 1949 ? On avait souvent proposé à Fernandel de jouer du Molière et du Racine. Ce qu'il se refusa catégoriquement à faire, craignant "de fernandaliser le théâtre classique". Cela ne l'empêcha pas d'enregistrer quelques pièces de Molière sur microsillon. Mais travailler avec Guitry signifiait tout autre chose. Guitry se faisait appeler "Maître", à l'image d'un gourou vénéré par ses adeptes. Mon grand-père n'était guère impressionné. On peut même dire que ça l'agaçait royalement, lui qui pêchait avec "Zé" Raynaud et jouait aux boules avec Pratali le "guinchou". Il n'allait pas se répandre en termes pompeux. Il l'appelait "Guitry", tout simplement. Cela n'était pas méprisant pour un sou de sa part. Mon grand-père n'arrivait jamais à appeler les gens par leur prénom. Question d'habitude.

Leur parcours était assez similaire. Ce qui les dispensait de se faire des courbettes. Guitry et Fernandel n'étaient pas des élèves très assidus. Ni l'un ni l'autre n'avaient obtenu leur certificat d'études. Guitry adorait faire savoir qu'il était autodidacte. Mon grand-père se vantait plutôt des cageots de favouilles (crabes) qu'il avait attrapés lors de sa dernière virée sur le "Caméra". Ils étaient différents. Mais ils s'entendaient bien. Chacun aimait ce qui ne lui ressemblait pas chez l'autre. Mon grand-père recevait assez fréquemment le "Maître" dans son appartement de l'avenue Trudaine dans le 9ème arrondissement de Paris. J'imagine les repas. Mon grand-père relatant ses exploits de pêcheur, avec une voix aussi tonitruante que le mistral en bourrasque lorsqu'il s'engouffre sur Marseille. Guitry caressant les mots d'auteurs avec ses intonations aussi

subtiles qu'une brise printanière sur Paris.
Pourtant, ils s'appréciaient beaucoup. Et d'un point de vue vestimentaire, ils se retrouvaient totalement. Mon grand-père, lui, n'était pas du style "jean - baskets", même lorsqu'il ne sortait pas. Toujours rasé de près et tartiné de gomina, il n'a jamais troqué ses costumes-cravate trois pièces contre des joggings où l'on traîne sa fainéantise dominicale. Jamais ! Parfois, il se "lâchait" un peu, et s'accoutrait d'ensembles gros pieds-de-poule orange avec une cravate mauve qui tombait sur une chemise rose. Autant dire que si on lui avait jeté un caméléon dessus, la pauvre bête aurait explosé ! Ma grand-mère se permettait la simple remarque :
"Tu penses vraiment sortir dans cette tenue Fernand... On va te voir de loin !"
"Et alors ? Je suis Fernandel, non ? Avec ou sans ça, on me reconnaîtra quand même !"
Le style voyant ne lui déplaisait pas. Tout comme Guitry, dont les extravagances vestimentaires sont bien plus connues que celles de mon grand-père. Dans les quelques films que j'ai vus du Maître - mon préféré restant "Le Comédien" -, un détail m'a marqué : ses pochettes de veston, avec lesquelles il aurait pu ouvrir un magasin de tapisseries, tant les morceaux de soie qu'il arborait étaient longs. Leur style "flash" ne les privait pas pour autant de leur classe. Professionnellement, ils se retrouvèrent dans cette fameuse pièce "Tu m'as sauvé la vie". Ils s'y partageaient l'affiche. Guitry jouait "Guitry-bis". A savoir un riche bourgeois rescapé de la mort grâce à un héros involontaire et roturier : Fernandel, dont la première

entrée en scène arrivait à la fin du premier acte. Juste avant l'entracte. J'ai pu me fendre de rire devant leurs éblouissants numéros, devant le film qui en fut tiré en 1952. La générale, donnée devant le gratin "people" parisien de l'époque, fut un triomphe. Le lendemain, une enveloppe écrite de la main de Guitry glissa sous la porte de l'avenue Trudaine. Mon grand-père, qui s'attendait à une missive de félicitations, en avala son pastis de travers lorsqu'il décacheta l'enveloppe. Guitry lui avait fait parvenir une lettre aussi froide que soigneuse, où il énumérait toute une série de recommandations à l'égard de mon grand-père. Une chose est sûre, c'est que "dégun" (personne) n'avait jamais fait un coup pareil à Fernandel ! Il se chargea de répondre à Guitry à sa façon. Dans un énergique face-à-face.

Qui n'eut aucune incidence sur leur relation. Cela confirme la justesse d'une des rares expressions toutes faites à laquelle je crois : "les conflits débouchent souvent sur de grandes amitiés". En parlant d'amitié, je me suis rendu à Monaco avec mon ami Shax. Ce Lyonnais d'origine slave est le fervent complice de mes délires parisiens. Sous ses airs bourrus, il dissimule de grandes qualités de coeur. Il m'a fait découvrir la Picardie, où vivent ses grands-parents, et moi, je lui ai ouvert le portail des "Mille Roses". Suite logique du séjour, je l'ai emmené à Monaco. Loin de certains clichés erronés que l'on prête quelques fois à ce morceau de côte. Derrière les palaces et autres établissements de luxe, se cache une réelle simplicité. Le Prince Albert en est l'exemple vivant. Il suffit d'échanger de brefs propos avec lui pour avoir envie de lui dire “Albert, viens “frapper le fer” (jouer aux boules) à la maison !” Sa gentillesse brille autant que les dorures de son palais. Pagnol partageait un peu mon opinion en disant : “Les Monégasques ont le sens des valeurs. Lorsqu'on leur fait du bien, ils vous en sont reconnaissants.” Il parlait en connaissance de cause : il possédait une villa à Monaco et il y dirigea mon grand-père dans “Carnaval”. D'ailleurs, ce film fut le théâtre d'un conflit entre ces deux meilleurs ennemis à propos d'une simple réplique sur laquelle ils n'étaient pas d'accord. Souvenez-vous de cette fameuse dispute qui les brouilla par lettres interposées.

Avant cela, Fernandel était coutumier des tournages monégasques puisqu'il mit en boîte, notamment au Casino et au Jardin Exotique, les extérieurs d'”Adhémar ou le jouet de la fatalité”. Guitry, l'auteur du scénario, devait également le mettre en scène. Mais le “Maître” était terrassé par des soucis de santé. Ses mots d'esprit, eux, étaient anéantis sous l'imposante bouillotte qu'il se mettait sur la tête pour chasser son mal. Il confia la réalisation à son ami Fernand. Guitry avait tellement “confiance” qu'il lui délégua son assistant personnel pour “superviser” les prises de vue. Mais surtout pour “espincher” (surveiller) mon grand-père, si jamais lui venait la lubie de changer deux virgules au scénario ou un plan travelling dans le découpage. Pourtant, Fernandel modifia légèrement la fin du film. Sûrement après avoir mis minable au pastis l'émissaire de Guitry pour qu'il le laisse œuvrer en paix. Lorsque “Adhémar” sortit en salle, Guitry n'avait pas visionné une seconde de rushes. Il s'aperçut alors que “légèrement”, dans le Midi, était un euphémisme. Selon le “Maître”, les dernières minutes n’avaient aucun rapport avec ce qu’il avait écrit. Aussitôt, il traîna mon grand-père en justice pour “non-respect de clauses artistiques” et toute une ribambelle d’accusations afférentes au code de la propriété intellectuelle. Fernandel nia la moindre trahison. Lequel des deux avait raison ? La justice trancha en faveur de mon grand-père. Guitry perdit ce procès. Même si Fernandel avait eu l’outrecuidance de modifier l’histoire, “Adhémar” remporta un succès honnête mais marqua la fin d’une collaboration qui aurait encore pu faire des merveilles. Bizarrement mon grand-père ne dit jamais de mal de Guitry, alors qu’il se privait rarement d’assaisonner les gens avec lesquels il se fâchait. Mieux, il ne cessa, toute sa vie durant, de rendre hommage au génie de son ancien camarade. Entre eux, les grands se respectent. C’est sûrement pour cela qu’ils sont “grands” !

Tout en racontant cela à Shax, nous avons dégusté des pâtes à l’arrabiata “d’un autre monde” chez “Polpetta”. Un restaurant italien qui était devenu la “cantine” de mon père lorsqu’il travaillait à Radio Monte-Carlo, à l’époque où il anima, de 1977 à 1980, le célèbre talk-show “L’accent tonique 21h-minuit”. Malgré le refus catégorique de son directeur d’antenne, il diffusa du jazz, de la poésie et des contes de Provence. Il devint rapidement la voix qui éclairait les nuits blanches de quelques rayons ensoleillés. Un dentiste marseillais par exemple lui écrivait une carte par jour. Un soir, des taxis et des routiers encerclèrent la station en témoignage de sympathie. On se serait cru dans “Le Convoi” de Sam Peckinpah.

Le succès de Franck venait du fait qu'il parlait un langage simple, accessible. Il passait du gueuleton qu'il avait fait la veille au dernier disque d'Herbie Hancock - encore une icône du jazz pour l'amateur que je suis. Parmi les auditeurs, il y avait des cas. Comme celui-ci par exemple : "Franck bonjour. Je suis producteur et j'aimerais vous offrir le premier rôle de mon prochain film qui se tournera à Tokyo !".

Le gars envoie le scénario à la station, avec un mot précisant que le tournage s'effectuera finalement à New York. Puis, plus de nouvelles. Jusqu'au jour où le surveillant général des Baumettes (LA prison marseillaise) contacta Franck pour lui apprendre que le "producteur" en question n'était autre que l'un de ses vieux pensionnaires.

L'histoire la plus émouvante vint du coup de fil d'une auditrice :

"Franck, bonsoir, passez-moi" Petit Papa Noël "s'il vous plaît. Ma fille va mourir dans la nuit et elle voudrait entendre cette chanson."

La pendule marquait 23h59 et mon père devait conclure son émission avant minuit : "Madame, je dois rendre l'antenne, si ça ne tenait qu'à moi, je le ferais, mais là c'est impossible".

"Franck, je vous en prie, ma petite va mourir !"

Mon père, pressé par l'horaire fatidique, balança :

"Madame, faites-moi confiance, votre fille ne va pas mourir. Demain j'ouvrirai l'antenne avec "Petit Papa Noël".

Réplique aussi absurde qu'incontournable. Le lendemain, à 21 heures, la chanson de Tino Rossi tourne sur la platine. Immédiatement, un appel arrive au standard.

"Franck, vous avez sauvé ma fille ! Elle vit toujours !"

Hasard de la vie. Pour cette maman, mon père était une sorte de guérisseur. Il y a quatre ans environ, nous étions avec papa à une dédicace lorsque soudain une femme s'est jetée à son cou et a fondu en larmes dans ses bras. C'était cette mystérieuse voix qui, vingt ans plus tôt, pleurait pour son enfant. Sa gamine avait vécu une semaine de plus…
En parlant de maman, c'est à RMC que mon père a rencontré celle qui allait me porter pendant neuf mois, mais qui ne le savait pas encore. Corinne, dont j'ai hérité des origines judéo-soissonaises, travaillait comme speakerine dans l'émission de Jean-Pierre Foucault, où elle tenait le rôle de "Madame Sodim" (une chaîne de marché de l'époque). Elle y donnait, non pas le cours de la bourse, mais de la botte de poireaux ou du camembert. Elle, la jeune fille pudique de bonne famille, n'osait jamais aller plus loin qu'un simple "Bonsoir Franck" quand elle le croisait. Jusqu'au jour où elle franchit le pas :
"Cela vous dérange si je vous appelle à Marseille ?"
Vous vous doutez de la suite. Mon père quitta la station en 1980 et emmena Corinne avec lui. Je suis arrivé en plein été 1983. A Monaco. C'est là que je fus baptisé par le chanoine François Hus. Ce curé "underground" n'utilisait pas sa verve uniquement pour vous gonfler la tête de sermons mais aussi pour raconter des histoires que le bon vin rendait encore plus savoureuses. S'il baladait encore sa carrure de sportif dans le presbytère de son église, j'aurais écris pour lui un nouvel épisode de Don Camillo.

CHAPITRE 20

Des années de cinéma, un moment avec Galabru

La carrière de Fernandel fut jalonnée de bijoux mais également de navets de dernière récolte. Cela ne constitue pas un secret inavouable au public. Et encore moins à mon grand-père. Il adorait fanfaronner : “J’ai fait des navets et même de nombreux concombres.” Seul souci, il ne s’en apercevait qu'une fois le film terminé. A chaque fois, il se persuadait que le tournage en cours accoucherait du chef d’œuvre ultime de Fernandel. Si les scénarii ne l’éloignaient pas trop de Marseille, il rentrait chaque soir aux “Mille Roses” et livrait un récit passionné de sa journée. Pas un résumé. Il racontait tout. De la moindre ampoule de “mandarine” (projecteur de cinéma) grillée jusqu’à ses grands moments de bravoure face à la caméra. Cela durait parfois si longtemps que Henriette s’assoupissait légèrement. Ce qui déclenchait “l’engatse” (colère) immédiate. “Alors, Henriette, tu dors ? Ce que fait ton mari t’endort ? Mais dis-moi...” Un coup de gueule aux allures de chuchotements monastiques comparés aux esclandres provoqués par l’opinion familiale quand le film, fraîchement sorti, se révélait nul. “C’est pas bon ? Ma famille ne comprend rien ! De toutes façons, le public, LUI, il ne dira pas les mêmes conneries que vous !” En général, ses admirateurs pensaient la même chose. Et mon grand-père se pliait à l’évidence avec entrain. Si les spectateurs trouvaient le film extraordinaire, Fernandel répliquait : “Mais enfin, vous plaisantez. Qui vous a dit ça ? C’est une merde, oui !”

Toutefois, au-delà des succès mérités et des bides assumés, mon grand-père prit, dans les années 60, un virage qui reste souvent dans l’ombre des tubes cathodiques. C’est incontestablement mon époque favorite. Celle où l’on découvre un Fernandel plus attachant, aux rides creusées comme la croûte d’un bon pain. L’exemple le plus éloquent en est “Le voyage du père”, réalisé par Denys de la Patellière, en 1966. Mon grand-père y interprète un paysan sous le joug d’une femme acariâtre (Lili Palmer). Il part pour Lyon, retrouver sa fille qui travaille dans un salon de coiffure et s’aperçoit que cet établissement ne soigne pas uniquement le cuir chevelu de ces messieurs. Il n’a jamais été aussi humain que dans ce film, solidement épaulé par Laurent Terzieff.

Sur le plan professionnel, ces années 60 l’ont perturbé. Les Godard, Truffaut et tous ces nouveaux cinéastes représentaient une “vague” qui l’inquiétait d’avantage que celles de Carry, les jours de mauvaise mer. Pour lui, ces gens n'étaient que de "jeunes loups" prêts à dévorer tout le patrimoine cinématographique de la génération précédente. Mon grand-père défendait la pérennité du cinéma populaire, le seul "vrai" cinéma à son goût. Je n'appellerais pas cela du sectarisme. Il ne pouvait comprendre un autre langage. Il ne supportait pas non plus les auteurs contemporains. En sortant de la pièce "Les chaises" de Ionesco, il balança à un journaliste qu'il préférait "Les fauteuils de son salon". Malgré ses nombreuses réticences, il voulut tenter l'expérience de se faire diriger par un jeune metteur en scène. Il contacta alors Jean-Pierre Mocky avec lequel il mis en boîte "La bourse et la vie" en 1965. Oeuvre considérée par Marco Ferreri comme "le plus grand film français des années 60".

Pour raconter Fernandel sur les plateaux de cinéma, j'ai pensé qu'il serait bon de faire appel à l'un de ses partenaires. Il saurait mieux en parler que moi. Un choix sans doute un peu dicté par ma paresse. Il me fallait plus qu'un témoin. Un conteur. Avec l'accent, ce serait parfait. Cette paresse du Midi apporte parfois d'excellentes idées. Mais où allais-je trouver la denrée rare qui réunirait toutes ces qualités ? Autant aller "chercher Molinari" (dans le Midi, quelque chose d'impossible). Non ! Autant chercher Monsieur Michel Galabru, qui joua au côté de mon grand-père dans "Le voyage à Biarritz" (1962), "Le bon roi Dagobert" (1963), ainsi que dans "La cuisine au beurre", la même année et dans "La bourse et la vie".

Outre ces liens cinématographiques, Galabru et Fernandel ont eu un parcours assez similaire. Un nombre incalculable de films, des grands rôles, sans oublier une popularité incroyable, toutes générations confondues. Quand j'ai dit à Corinne, ma mère, que je songeais à rencontrer Galabru, ma sœur Manon tendit l'oreille. Elle m'a dit : "Ah ! Tu vas voir l'adjudant Gerbert ?" Effectivement, j'allais voir Gerbert. Mais surtout un immense acteur doté d'une vraie nature à la fois comique et tragique - il faut découvrir le Galabru dirigé par Pascal Thomas, Mocky ou Tavernier.

Schéma classique, je contacte Babette Pouget, son agent, qui après m'avoir écouté avec intérêt m'annonce "Michel est en tournée mais je vous promets qu'il vous appellera telle semaine." Le jour prévu, j'ai Jean Galabru, son fils, sur mon portable. Il me passe son père : "Oh ! Vincent, ça va ? C'est Galabru à l'appareil !" Comme si je n'avais pas reconnu cette voix si familière à ma vidéothèque. Il ajoute : "Je vous ai vu petit, à la télé. Vous étiez très touchant, vous savez." A part un sincère "merci", je n'ai pas su quoi répondre. Dans la logique des choses, je pensais que c'était à moi qu'il revenait de le complimenter vivement pour sa carrière, et non l'inverse. Je lui demande s'il voudrait bien m'accorder une petite heure autour d'un café. "Un café ? Vous rigolez ? On va se taper une bonne bouffe ! Vous êtes libre mardi ?" Nous nous sommes retrouvés à la Brasserie Ternes-Pereire à Paris. Il fait partie de ces gens dont la renommée impose le respect. Mais la chaleur dans sa voix met tout de suite à l'aise. Il appelle le serveur et en me désignant : "Voilà, je vous présente Vincent Fernandel. Vous avez vu, j'ai des relations, moi !" Et il éclate de rire. De son rire unique.

Ce jour-là, j'ai été servi. Et les pastis aussi, naturellement. L'avenue des Ternes devint un joli port de pêche. Son autre fils, Philippe, nous a rejoints. Galabru avait déjà embrayé sur mon grand-père : "Mon premier souvenir fort de cinéma, je le dois à Fernandel. Quand j'étais gosse, j'étais parti au cinéma avec de copains pour voir "Les Cinq sous de Lavarède". On est allé à la séance de quatre heures. Et on est resté jusqu'à la dernière projection, celle de dix heures, tellement on se marrait. Mes parents étaient fous, ils m'ont cherché dans tout le quartier. Mais moi, j'étais avec votre grand-père." A ce moment, le garçon arrive et nous demande ce que nous désirons boire. Galabru me dit : "Choisissez." Même si j'adore les bonnes bouteilles, je lui réponds : "Allez-y, vous devez vous y connaître plus que moi." Il m'envoie une moue faussement dépitée : "Je sais, j'ai la gueule d'un pochetron, mais je ne bois pas." Les bouteilles que nous avons descendues durant le repas ont menti pour lui. Il revient aux sources : "J'ai rencontré pour la première fois votre grand-père à la radio alors qu'il enregistrait des sketches. Il m'a vu et m'a dit : "Dites donc, Galabru, vous, vous êtes du Midi ?" Il avait une gueule tellement étonnée. On aurait dit qu'il avait un esquimau en face de lui. Alors moi, j'ai répondu : "Oui, oui, Monsieur Fernandel, oui, oui !" avec un sourire à la con comme j'avais à mes débuts. Il m'a stoppé net "Galabru, tu seras dans mon prochain film." J'allais pas dire non, forcément. Et il m'a fait engager sur "Le voyage à Biarritz". Il était content de rencontrer un type du Midi. Ses racines, il y était sensible, votre grand-père."

Galabru brancha une fois de plus le serveur et enchaîna : "Alors, sur ce tournage, il s'est passé un truc génial ! On devait tourner une scène dans une gare et il pleuvait des cordes depuis trois jours. Pas moyen de tourner et on allait bientôt être en dépassement. Tous les acteurs étaient en rang, derrière Fernandel, à attendre que la pluie se calme. D'un coup, votre grand-père vient me voir et me dit "Regarde ça." Il appelle le producteur et hurle, furieux "Ecoutez, vous avez vu tous ces braves gens qui attendent qu'on tourne. Ils seront bientôt tous en dépassement." Il se tourne vers moi. J'étais mort de rire car je savais qu'il déconnait. Et il continue "Et moi, dès demain, JE suis en dépassement. Demain, JE ne tourne plus, compris ?" Le producteur lui baragouine deux mots et se barre. Moi, je pleurais de rire et je lui dis "Quand même, c'est embêtant si vous êtes en dépassement demain." Il élargit son sourire en clamant "Mais Galabru, c'est pas de la pluie qui tombe du ciel. C'est de l'or"." Cette dernière phrase, Galabru la finit en apothéose, les mains au ciel. Galabru me parla du large sourire de mon grand-père. Cette mâchoire qui contribua à sa fortune, était soumise aux bons soins de son dentiste : le Docteur Croquefer !

Au milieu du repas, une blonde entre dans le restaurant. Elle tend à Galabru un DVD en lui expliquant qu'elle est comédienne et je ne sais quoi encore... Galabru, attentif, l'écoute, et finit par la convier à notre table. Comme s'il avait retrouvé une amie de toujours. Quel artiste ferait ça ? J'étais à la table des apôtres. Galabru me présente. La fille lui demande comment se comportait Fernandel sur les tournages, avec l'équipe, etc… "Fernandel, sur le plateau, c'était d'abord Fernandel. Il arrivait toujours à l'heure. Il repartait à l'heure aussi. Il n'était pas distant mais pour l'approcher, il fallait parfois passer par Tina, son

Avec Sacha Guitry, sur les planches parisiennes avant les tournages monégasques.

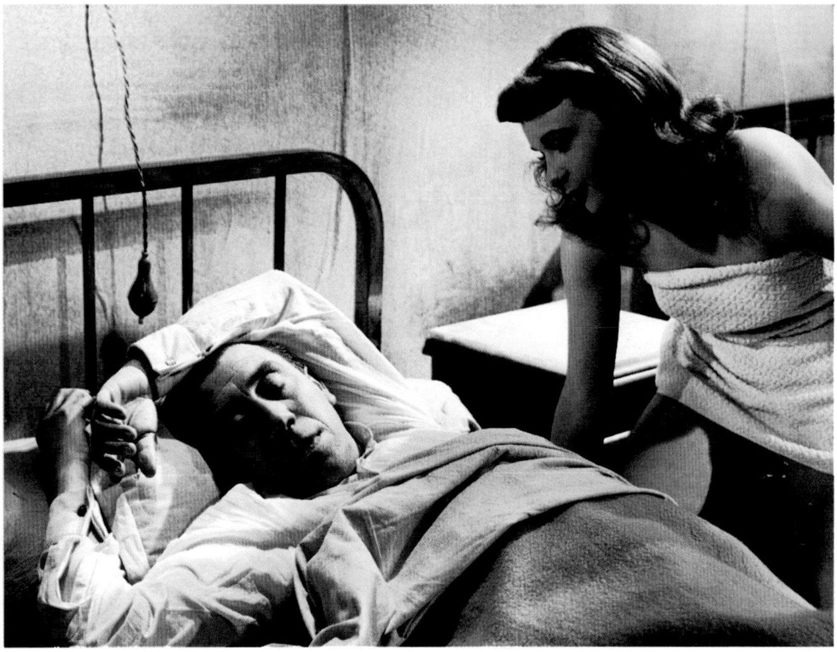

Tempes grises acoquinées à la sensualité de Françoise Arnoul (« Le fruit défendu »)

En père meurtri épaulé par Laurent Terzieff (« Le Voyage du père », extérieurs à Lyon, 1966).

Avec Michel Galabru, le midi se retrouve autour de l'apéro (« Le Voyage à Biarritz ».

Avec Jean-Pierre Marielle, tout est dans la tronche (« Relaxe-toi, chérie » de Jean Boyer).

Cinéma hors-champ (Fernand et Jean, producteurs et amis).

Bourvil, Fernand et Franck (Pause repas sur « La cuisine au beurre »).

D'une génération à l'autre
(Avenue Foch à Paris).

Un Marseillais à Monaco (devant Radio Monte-Carlo avec André Gaspard).

Les seventies de Radio Monte-Carlo. Franck au micro de « L'Accent Tonique, 21h – minuit ».
Corinne, ma mère, avec Jean-Pierre Foucault.

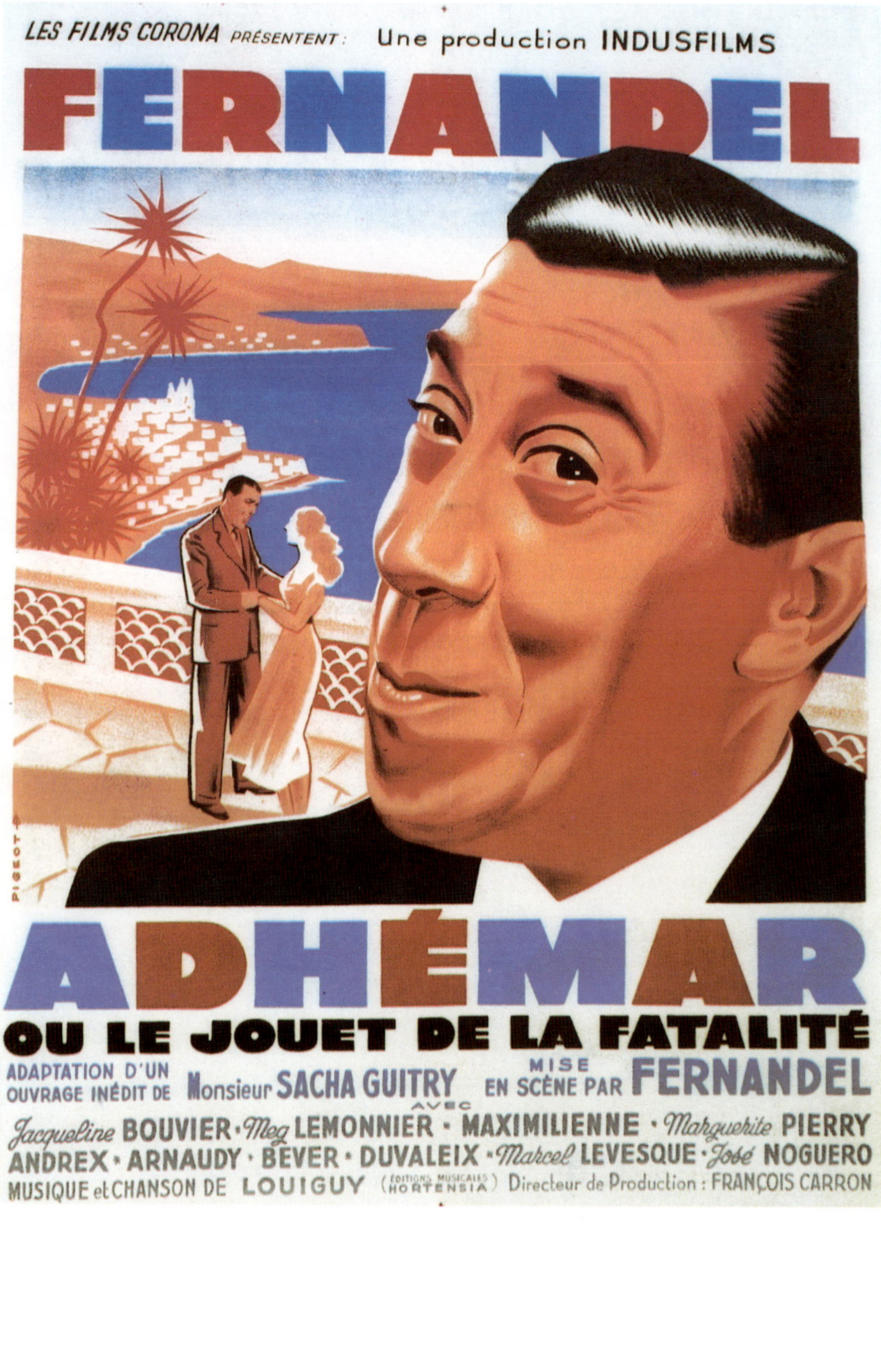
LES FILMS CORONA PRÉSENTENT : Une production INDUSFILMS
FERNANDEL
ADHÉMAR
OU LE JOUET DE LA FATALITÉ
ADAPTATION D'UN OUVRAGE INÉDIT DE Monsieur SACHA GUITRY
MISE EN SCÈNE PAR FERNANDEL
AVEC
Jacqueline BOUVIER · Meg LEMONNIER · MAXIMILIENNE · Marguerite PIERRY
ANDREX · ARNAUDY · BEVER · DUVALEIX · Marcel LEVESQUE · José NOGUERO
MUSIQUE et CHANSON DE LOUIGUY (ÉDITIONS MUSICALES HORTENSIA) Directeur de Production : FRANÇOIS CARRON

habilleuse. Mais attention, il avait l'œil sur tout. Je me souviens, un jour, j'avais une réplique à lui donner et c'est moi qui devait faire rire. Eh ben ! Il a réussi à me baiser en faisant une mimique qui n'était pas prévue à la fin de mon texte. Ca a fait marrer tout le monde. Moi, je n'étais pas vexé, c'était un génie comique ce mec-là. Fernandel, comme tous ceux de sa génération, était un acteur d'instinct qui n'avait jamais pris de cours. "Mon grand-père trouvait que la comédie se vivait mais ne s'apprenait pas. José Garcia, l'un de nos plus grands acteurs actuels dont j'admire le style, l'a récemment confirmé dans une émission : "La comédie ne s'apprend pas dans les cours mais dans les bars."

En parlant de bars, Galabru en arrive au pastis. "Un jour, sur "La cuisine au beurre", une meute de journalistes bourdonnait autour de votre grand-père. Moi, j'étais là, et je n'ai pas osé le déranger. Ensuite, il est venu me voir : "Alors, Galabru, on ne dit plus bonjour ?" Que voulez-vous que je dise ? Puis il s'est assis à ma table et m'a souri. "Galabru, tu bois quoi ?" Voilà, ça aussi c'était lui."

Sur les colères de Fernandel, Galabru confirme : "Je me souviens qu'il était fâché avec Rellys. Avant le tournage de "La cuisine au beurre", il me dit : "Sur ce film, il y aura toi, Bourvil…", et moi je case "Et Rellys !" Il a écarquillé les yeux. "Rellys, NON !" Ah ! Quand il était fâché, c'était du sérieux. Ils s'adoraient avec Rellys, mais ils se sont fâchés vingt fois, comme avec Pagnol. Ah ! Rellys, quand les filles lui demandaient des autographes, il leur proposait de monter avec lui. Bien sûr, elles refusaient. Et lui, le pauvre, naïf comme il était, il me demandait : "Oh !

Michel, pourquoi ça marche pas ?" Galabru sait aussi se faire plus tendre, moins enjoué. "Quand votre grand-père est mort, je ne voulais pas aller le voir Avenue Foch pour pas qu'on ne croit que je voulais avoir ma gueule dans les journaux. C'est ma femme qui m'y a poussé. Je l'ai vu, cadavérique, livide. Un autre. Comme s'il me disait "tu as bien ri, mais voilà la vérité, l'envers du rire." J'ai senti beaucoup de sensibilité, de retenue dans ses intonations. Mais il ne s'est pas laissé abattre. Nous avons terminé le repas à 17 heures, avec un alcool de framboise couronné d'un Roméo y Julieta qu'il commanda en ces termes "deux cigares préparés et une insulte à la tabatière". Nous avons discuté de sujets divers. Approfondi certains. Survolé d'autres. Nous sommes tombés d'accord sur l'essentiel avec Galabru : sur les rapports homme-femme, l'évolution du cinéma et… les tomates à l'huile d'olive. Il m'a fait beaucoup de compliments sur Franck qu'il apprécie. J'ai rarement autant ri qu'avec Galabru et, distinction suprême, il a même ri à mes blagues ! A un moment, j'ai sorti quelques histoires sur l'Alcazar. Il m'a observé en silence un instant. "Quand même, vous lui ressemblez à votre grand-père… Vous n'avez jamais pensé à être acteur ? Vous pourriez, ça se voit tout de suite." Cela fait presque 20 ans que je me vois tous les matins dans la glace, mais je n'ai jamais rien remarqué !
Le lendemain, je lui ai fait parvenir une bouteille de pastis en guise de remerciements. Chez nous, le pastis, c'est la liqueur du cœur.

CHAPITRE 21

L'avenue Foch dans toutes ses splendeurs

Lorsqu'un méridional sent que le travail lui court après, il s'arrange toujours pour courir plus vite que lui afin de lui échapper. Fernandel, dans son cas, fut l'exception qui confirme à cette règle scientifiquement reconnue dans le Midi. Le succès, à force d'être aux trousses de mon grand-père, a fini par le rattraper irrémédiablement. Alors, dans le milieu des années 20, il quitta le rivage de la Côte Bleue pour les bords de Seine ! Il est "monté" à Paris, comme on dit par chez nous - comme si on allait escalader le mont Eiger. Sa première résidence dans la capitale se situait avenue Trudaine, où il s'installa avec Henriette et Josette. Janine naîtra dans le 20ème et viendra grossir plus tard les rangs de la famille. "Si j'étais resté à Marseille, je n'aurais jamais fait une carrière pareille", affirmait-il. Il n'oublia pas néanmoins ce qu'il devait au public de ses débuts.

D'ailleurs, il redescendait le plus souvent possible car la Seine ne satisfaisait pas ses instincts maritimes. Les poissons qu'on y pêche, avec un peu de chance, arrivent déjà emballés et pesés dans les sacs plastiques qui traînent à la surface. J'ai la nausée en pensant au goût d'une bouillabaisse où les huiles de moteur feraient office de safran. Remarquez, la vision du "Camera" tanguant sur la Seine, aurait certainement constitué une attraction touristique pour les passagers des bateaux-mouches !

En 1963, sous la pression intense des femmes de la famille, Fernandel daigna acheter 300 mètres carrés au 44 de l'avenue Foch, illustre artère du 16ème arrondissement. Si ça n'avait tenu qu'à lui, il n'aurait jamais quitté l'avenue Trudaine. Mais à l'époque, pour les grands comédiens issus de milieux modestes, présenter une carte de visite où était imprimée "avenue Foch" constituait une sorte de "mode". Une tendance assez coûteuse, j'en conviens. Un peu saugrenue aussi. Reynaud, son pêcheur, habitait lui aussi le 16ème. Mais à Marseille. Un quartier ultra populaire peuplé aujourd'hui des derniers vrais pêcheurs. Ce brave Reynaud eut alors cette réplique fabuleuse : "Dans votre 16ème Fernand, on s'essuie les pieds avant de rentrer. Dans mon 16ème, on se les essuie avant de sortir."

Malgré cela, Fernandel ne cachait pas sa fierté pour sa prestigieuse acquisition immobilière. La décoration du vaste 3ème étage incombait, comme toujours, à ma grand-mère qui, pour ne pas dépayser son époux, orna les interminables couloirs et les longues coursives de hublots. Du kitsch d'avant-garde. Je passe fréquemment par l'avenue Foch lorsque je vais rendre visite à mes tantes qui habitent dans une rue adjacente. Si aujourd'hui les célébrités du cinéma ont cédé leurs résidences à de grosses fortunes anonymes, les vraies stars, elles, n'ont pas déserté les trottoirs. Je parle des nymphes qui vendent leurs charmes dans les contre-allées. Il ne faut pas oublier que, depuis des années, on doit la réputation de la Porte Dauphine à ces dames qui m'interpellent gentiment le soir quand je m'engouffre dans la bouche du dernier métro. Un jour, il pleuvait des cordes, et il y avait une petite vieille, voûtée telle un contorsionniste, qui attendait que quelques jobastres (fous) du volant lui cède le passage-piéton. Elle "sucrait tellement les fraises" que je l'ai prise par le bras pour l'emmener sur la rive opposée. Arrivée à bon port, elle leva très péniblement un regard allumé d'une lueur soudaine :

"Eh ! ben, t'es encore plus mignon qu'à la télé, chéri ! Tu montes ?"

Le hasard voulait que j'avais été invité dans une émission quelques jours auparavant. J'étais tombé sur une admiratrice de choix ! Qui en plus, avant de chercher un autre "bon samaritain" à inviter chez elle, me fit cette confidence étonnante :

"Tu sais chéri, je le voyais moi, ton grand-père, quand j'étais jeune et que lui sortait de son appartement ! Beau mec, hein !"

Ce fut la seule et unique fois que j'aperçus cette silhouette fatiguée au bord de la route. Qu'est-elle devenue ? Un automobiliste l'a peut-être écrasée. Ou tout simplement embarquée à bord de sa grande berline vers d'autres horizons. Si le hasard veut qu'un jour elle lise ces lignes, je

souhaite qu'elle soit dans une position plus confortable que celle dans laquelle elle se trouvait lors de cet échange inoubliable.
Mon grand-père, lui, devint rapidement la coqueluche de ces prêtresses du plaisir. Quand il arrivait dans sa longue Buick noire, il se retrouvait bien souvent face à l'une d'entre elles.
"Oh ! Fernandel, comment ça va aujourd'hui ?"
"Et vous les filles, ça marche en ce moment ?"
"Eh ! Vous savez ce que c'est..."
Il ne rechignait pas à discuter "boutique" avec les putes. Quand elles apercevaient mon père, elles le chargeaient de donner le bonjour de leur part à "Monsieur Fernand".
Un soir, mon grand-père rentrait à pieds de chez mes tantes. Une voix l'accosta.
"Tu montes, coco ?"
"Dites, vous plaisantez ? Vous savez qui je suis ?"
"Ben, ouais, justement. Avec la gueule que t'as, tu pourrais monter au galop !"
Cette dame faisait référence au fameux faciès "chevalin" de Fernandel. Cette anecdote inspira par la suite un sketch qu'on écrivit pour mon grand-père. Dans la pénombre de l'avenue Foch, il y a des auteurs qui se perdent, croyez-moi !
La séduction qu'exerça mon grand-père ce soir-là, était certainement due en partie aux admirables créations de Gaston Waltener, son tailleur attitré. Cet homme, très précieux, se rapprochait du personnage décrit par mon grand-père dans la chanson "Il en est" - à écouter absolument. Il lui confectionnait tous ses costumes sur

mesure dans la chambre conjugale de l'avenue Foch. C'est à ce même Waltener que mon grand-père devait ses fameux ensembles bariolés, auxquels je faisais référence. Fernandel, mis à part ses quatre grammes de cholestérol qu'il "cultivait" sans souffrir, subissait cependant un "carcan" (calvaire) à cause de crises aiguës de coliques néphrétiques. Pour contrôler la quantité de sable dans ses urines, il conservait à son chevet un vase de nuit. Sur ce récipient peu conventionnel car dessus on pouvait lire en gros caractères "Le Patriote Français", avec un dessin du drapeau bleu blanc rouge. Cet ornement ne relevait pas d'une fantaisie quelconque. Patriote, mon grand-père l'était. Si par exemple, au milieu du repas, la radio diffusait l'hymne national, il bondissait de sa chaise, la main sur le cœur, l'œil humide. Malheur si à table personne n'adoptait la même attitude de circonstance.

Pour en revenir au patriote - pas Fernandel, celui en porcelaine -, il trônait toujours à sa place, dans la chambre, pendant que Waltener se débattait avec ses épingles à tissus. Jusqu'au jour où Janine, qui faisait des essayages avec son propre couturier, buta dans le vase. De nombreuses remontrances furent faites à mon grand-père qui se foutait complètement de laisser son "compagnon de nuit" à la vue de tout le monde. Ce n'était qu'une dispute de plus entre lui et sa fille. Ils se chopaient assez facilement et restaient parfois des jours entiers sans se décrocher un seul mot. Traits communs obligent.

Passons sur ces querelles ordinaires. Pour ses chaussures, Fernandel recevait toutes ses paires de Rome, où il avait laissé un moule de son pied, pointure 42. Celui qui le

possède peut se vanter d'une belle pièce de collection. Ces superbes souliers n'empêchèrent pas un jour, au sortir d'une première, une réflexion étonnée d'un des invités : "Té ! Peuchère, Fernandel il a les pieds plats !".
Si Jean Manse ne l'avait pas retenu, mon grand-père aurait "espouti" (fracassé) la tête de l'accusateur qui, bien qu'évitant de repartir avec une "coucourde" à la place de la tronche, fut gratifié d'un vigoureux "connard". Et sans doute quelques autres insultes.
Fernandel était un nerveux, un angoissé - tout comme moi d'ailleurs - qui s'enflammait au quart de tour. Surtout pour les siens. Par exemple, quand sur la route de Carry avec sa 2CV remplie de casseroles, il suivait la voiture familiale qui transportait sa femme, Janine et Josette, et que aux feux rouges, des mecs les abordaient gentiment. Mon grand-père jaillissait de sa guimbarde et faisait un carnage. "Espèce de vicelard, tu vois pas que ce sont mes filles et ma femme !". Généralement, cette simple explication suffisait. Bien qu'un jour un type, après s'être fait traiter de tout, a eu le courage de demander un autographe !
Souvent mon grand-père emmenait Josette ou Janine dans des cocktails, des dîners. Si, à l'autre bout de la table, un jeune homme se montrait trop entreprenant avec sa progéniture, Fernandel stoppait toutes les conversations : "Eh ! Vous, là ! Faites attention, c'est MA fille ! Alors, arrêtez de la reluquer comme ça !"
Pourtant, mes tantes avaient largement dépassé la majorité. Franck, lui, se rattrapait pour elles !

CHAPITRE 22

Quand un Normand parlait provençal (et vice versa)

Lorsque j'ai l'occasion de retrouver mon "chez moi" avant "l'heure des brousses" (tard), mon regard se pose instinctivement sur les rangées de vidéos qui envahissent les moindres recoins de mon petit studio parisien. Je suis un consommateur impénitent de cinéma, toujours à compulser frénétiquement le "Pariscope" à la recherche du petit cinéma qui joue tel ou tel film.

Mes étagères sont le reflet de nombreuses époques. De "L'ennemi public" avec James Cagney au "Virgin Suicides" de Sofia Coppola, en passant par Dario Argento. Sans oublier l'incontournable Bogart. L'acteur irréprochable, qui ne néglige aucun détail. Aussi convaincant lorsqu'il passe des lèvres de Bacall à sa façon si particulière de fumer une cigarette. Le seul qui, face à lui, aurait pu faire le poids sur les bobines françaises,

c'était Jean Gabin. Avec sa formidable présence et son charisme impressionnant.
Dans la vie il était, à quelques détails près, le même. Sauf quand il débarquait au 44 avenue Foch. Il accrochait au vestiaire son chapeau mou et sa carapace d'homme faussement bourru, pour laisser place à cette humanité joviale qu'il partageait avec son ami Fernand. Gabin fut sans doute le meilleur ami de Fernandel. Pour preuve, depuis le premier film qu'ils tournèrent ensemble - "Paris Béguin" en 1930 -, ils ne s'étaient jamais brouillés. Un signe chez mon grand-père. Lui qui avait toujours en réserve toutes sortes de prétextes pour enguirlander ses amis les plus proches.
Une amitié géographiquement inattendue : Gabin avait besoin de sentir le crachin normand sur ses cheveux argentés, alors que Fernandel ne tolérait que le "cagnard" qui faisait bouillir l'eau sous son bateau à Carry. L'un préférait recevoir de l'eau sur la tête. L'autre avoir les pieds dedans. Mais, l'amitié fraternelle, qui les liait, renversa ces barrières bassement climatiques.
L'Avenue Foch devint leur Q.G. où, des heures durant, ils parlaient de la vie en général, oubliant la profession. Pourtant, dès que l'envie d'évoquer le métier les démangeait, peu de gens étaient épargnés. Presque tous les artistes du moment les gonflaient, et la télévision alimentait leurs critiques. Comme deux singes dans une usine de cacahuètes.
Un jour, Claude François, qui débutait, inspira cette phrase mémorable chez Fernandel : "Tu sais, Jean, le petit Claude François, il est talentueux quand même. Mais à

force de sauter en dansant, un jour il bondira si haut qu'il finira par passer par mes fenêtres."

Ces inséparables amis poursuivaient leurs discussions dans un célèbre restaurant de l'Avenue Wagram. Dans ce haut lieu de la cuisine consistante, les clients laissaient souvent des notes très élevées. Quand Gabin et Fernandel s'y retrouvaient, le spectacle - involontaire - qu'ils offraient, était compris dans le service. Inutile de vous décrire l'effet produit par ces deux compères. Ils mangeaient au milieu de la salle, sans essayer de se soustraire aux regards. Si mon grand-père sacrifiait volontiers son apéritif contre une séance imposée de dédicaces, malheur à celui qui venait l'importuner quand les choses sérieuses démarraient. Hors de question de laisser le pot-au-feu "maison" refroidir sous les compliments interminables d'un admirateur.

Gabin, lui, se sentait agressé dès qu'il franchissait le seuil du restaurant et se montrait moins "coopératif" vis-à-vis de ses inconditionnels. "Coco, dis-moi, qu'est-ce qu'ils ont ces cons à nous dévisager ?" glissait-il à l'oreille de mon grand-père. "Coco", dans la bouche de Gabin, n'avait rien de péjoratif. C'était un terme amical. Quant au patron du restaurant, imaginant qu'un de ses clients se retrouverait un jour la tête dans la marmite à trop solliciter ces deux caractériels, il prit les choses en main. Il disposa autour de ces gourmets de marque un large paravent. Isolés du reste du monde, Gabin et Fernandel pouvaient s'adonner tranquillement aux joies de leurs festins pantagruéliques.

Les ripailles s'achevaient vers 17 heures. Au moment où certains prennent le thé, eux allumaient leur traditionnelle cigarette. Celtic Gros Module pour mon grand-père, Craven sur Gitanes grillées à tour de bras pour Gabin. Les idées fusaient alors à travers chaque bouffée. Des idées qui s'évanouissaient bien vite dans les vapeurs de vaisselle que renvoyaient les cuisines. En réalité, ils fantasmaient, fabulaient. Leur obsession était de tourner à nouveau ensemble - expérience qu'ils renouvelèrent uniquement trois fois dans les années 30 - dans un film digne d'eux. Mais sans se prendre la tête, à défaut de prendre celle des autres.

Convaincus qu'on était jamais mieux servi que par soi-même, ils trouvèrent en 1964 la réponse à leurs désirs cinématographiques : GAFER (GAbin/FERnandel), leur société de production. La perspective de trouver LEUR casting, de choisir LEUR équipe technique et surtout de légitimer LEURS coups de gueules en tant que "boss" absolus, les enchantait. Tous deux voulaient s'impliquer dans ce domaine inconnu plus par délire que par envie d'autorité. Au départ, ils songeaient à appeler leur société MONCON (MONcorgé, patronyme de Gabin, et CONtandin, nom maintes fois cité au fil de mes pages). S'apercevant que cette contraction assurerait des œuvres à l'estampille aussi inoubliable que peu crédible, mon père eut l'idée de GAFER. Cela sembla convenir d'avantage. Sans tarder, ils engagèrent Gilles Grangier pour la mise en scène. Grangier avait souvent tourné avec Gabin et Fernandel. Il les connaissait sur le bout des doigts. Les fondateurs de la GAFER savaient aussi pertinemment que Grangier n'opposerait aucune résistance à leurs exigences artistiques.

Pascal Jardin, de son côté, livra le scénario qui s'intitulait "L'âge ingrat". Du cousu main. L'histoire - un peu cliché mais bon enfant - de deux pères de famille, l'un du Nord, l'autre du Midi, qui s'affrontent, mettant en péril le mariage de leurs enfants. Les pères en question, vous devinez qui les jouaient ! Mon père endossa sans mal son rôle du fils de Fernandel, tandis que Gabin n'imaginait pas une autre actrice que Marie Dubois pour devenir sa "fille de cinéma". Le film est truffé de scènes où le choc frontal entre les deux têtes d'affiche fait oublier quelques faiblesses de l'histoire. Normal, me direz-vous, ce film étant leur "bébé", ils s'étaient réservé la part du lion. A tel point que même lorsqu'ils n'apparaissent pas à l'écran, les conversations des autres personnages ne tournent qu'autour d'eux !
Le film se réalisa à Saint-Mandrier, près de Toulon dans le Var. Quand Gabin, en lisant le script, s'aperçut que l'intrigue se déroulait dans le Midi, ce fut un drame. Il se voyait déjà exilé, baluchon sur le dos et poignardé de coups de soleil. Il dit à mon grand-père :
"Coco, c'est une connerie d'aller tourner vers chez toi ! Ch'uis pas habitué à ton climat, là ! En plus, il faut s'trimbaler là-bas en plein été avec le monde qu'y a..."
"Jean, écoute, tu veux pas non plus qu'on aille en Normandie ? Imagine qu'il pleuve à torrent tout le temps : on pourra pas tourner les extérieurs, on va se retrouver en dépassement de budget, et le film sera bouclé dans une ambiance si pourrie qu'il sera mauvais ! Et les gens, ils n'iront pas voir deux stars qui s'emmerdent sous la pluie ! Mais le plus grave, c'est qu'on aura perdu de l'argent", lui répliqua Fernandel.

"Ah Coco ! Si on paume de l'oseille alors barrons-nous vite !"

Ils avaient investi pour la première fois leur propre pognon. Le souci de l'économie devint leur hantise. Toute l'équipe fut confinée dans un hôtel de passe si sordide que la tenancière vous payait presque pour y séjourner. Mon grand-père et Gabin dégotèrent un hôtel quatre étoiles pour eux et Grangier. Franck, qui logeait avec tous les acteurs dans cet établissement "particulier", demanda à son père :

"Dis papa, tu pourrais faire un effort, après tout tu es mon père et je suis ton fils !"

"Non, dans ce cas précis, je suis ton producteur et toi un de mes acteurs !"

Pas de favoritisme. Tout le monde sur un pied d'égalité. Et la notion d'égalité est si noble quand elle permet d'économiser sur le budget. Généreux, ils se rattrapaient sur la bouffe. L'équipe avait droit à de somptueux buffets garnis de mille choses. Fernandel et Gabin mangeaient avec les techniciens. Bien que producteurs, ils ne cherchaient à imposer aucune hiérarchie. Pour eux, la fraternité suprême s'exprimait en partageant le même repas.

Quoiqu'il en soit, "L'âge ingrat" avançait sous l'œil attentif de ses producteurs. A la fin de la journée, mon grand-père et Gabin évacuaient leur stress sur la plage, vautrés dans des chaises longues. Pour éviter l'émeute, plusieurs gendarmes furent mobilisés, tenant les estivants hors du périmètre des stars. La foule hurlait derrière les barrières municipales qui avaient bien du mal à contenir les badauds excités. Fernandel et Gabin se laissaient bercer par les hurlements de leur public en contemplant la mer. Une mer dont les éclaboussures légères, venaient rappeler à Gabin sa pluie normande qu'il oublia sans nostalgie pendant cette tranche de vie au côté de son ami Fernand. Gabin, mouillé par la Méditerranée, m'évoque un peu le baptême moderne de Saint Jean-Baptiste !

Les deux larrons scrutaient avec intérêt un pédalo ancré plus au large. Cette embarcation se balançait au gré des courants à la même place depuis plus d'un mois. Ils apprirent un beau matin que le régisseur du film l'avait loué au début du tournage pour les besoins d'une scène. Dont les plans étaient prévus dans le courant de la dernière semaine. Savoir qu'ils payaient un pédalo pendant deux mois pour s'en servir une seule journée déclencha un feu d'artifice verbal. Mais la location était déjà réglée. "Coco, faudra que la scène soit de qualité vu le prix du truc !", grogna Gabin. Leur "ruine" flottait sous leurs yeux depuis des jours sans qu'ils le sachent Une leçon amusante. Mais coûteuse. Comme toutes les bonnes leçons d'ailleurs. Vint finalement le jour J où le pédalo devait être impérativement rentabilisé. Gabin et mon grand-père devaient fendre les eaux sur cet engin. Ils ne la ramenaient pas trop. "Coco, c'est une idée terrible. On va couler si on tombe de cette connerie", maugréait Gabin. Mon grand-père n'était guère plus rassuré. Ni l'un ni l'autre ne savait nager, et la peur de se renverser annihila tous leurs moyens. Grangier, le metteur en scène eut l'idée salvatrice. Plusieurs hommes grenouilles ont tenu le pédalo pendant la fameuse scène pour éviter que le film ne plonge avec ses producteurs. Cette même séquence nécessitait également de nombreux figurants en maillots de bain qui s'agitaient sur la plage. Fernandel demanda à son assistant d'engager des prostituées pour l'occasion. "Et attention, tu me prends les moins chères !" On en revient encore à parler à ces dames qui, par ce biais, eurent droit à une sorte de congés payés.

Les critiques et le succès de "L'âge ingrat" furent honnêtes. Le film rapporta pas mal. Moins cependant que le chiffre escompté par Gabin et mon grand-père. Au lieu de se dire "On a gagné tant…", leur réaction fut "On a mangé des ronds ! Notre GAFER, c'est plutôt la gaffe !" A mon avis, ils connaissaient trop la valeur d'un franc pour "plaisanter". La GAFER fut dès lors reléguée au statut de co-productrice de nombreux films qu'ils entreprirent par la suite, chacun de leur côté. Cela limitait grandement les déceptions financières. Ces aléas professionnels ne les empêchèrent pas de rester unis. Leur rôle suivant : témoins au mariage de leur grand ami Verneuil. Ils débarquèrent devant la mairie dans la longue Buick noire de mon grand-père. Comme des hommes d'Etat. Les mariés se firent voler la vedette par Fernandel. Au moment de signer au bas du registre, il posa son stylo et s'adressa à l'assistance. "Chers amis, je suis ravi d'être parmi vous mais je tenais à vous dire que je suis le plus grand acteur du monde !" Blanc. Silence pétrifié. Gabin, livide, murmura : " Qu'est-ce qui te prend ?" Imperturbable, mon grand-père montre Gabin du doigt et enchaîne :"Car si ce monsieur avait tourné toutes les couillonnades que j'ai faites, sa carrière serait déjà finie depuis longtemps".

Applaudissements, réglés comme au théâtre. Qu'importe si la scène se résumait à l'estrade du maire.
Fernandel aimait - et savait - se mettre l'assistance dans la poche. Même quand ce n'était pas son idée. Comme à la messe par exemple. Il avait la foi. Pourtant, à Carry, l'abbé s'inquiétait de ne jamais le voir dans ses rangs de fidèles. Un jour, alors qu'il montait prendre l'apéritif à "l'Oustaou de la mar", il demanda des explications à mon grand-père : "Fernand, vous savez quand on est croyant, logiquement, on se rend à la messe !"
"Monsieur l'abbé, imaginez que je vienne un dimanche parmi tous vos paroissiens... Eh bien, au lieu d'écouter votre discours, ils me pousseraient jusqu'à l'autel pour que je leur improvise deux répliques à la Don Camillo ! Si au cinéma je suis en concurrence avec le Bon Dieu, je ne veux pas l'être dans la vie !"
Un comportement de chrétien exemplaire qui en plus libérait ses matinées dominicales. Henriette, elle, ne boudait pas l'église. Elle avait d'ailleurs acheté deux statuettes de Saint-Antoine et de la Sainte-Vierge qu'elle nicha dans l'entrée des "Mille Roses" pour y faire des génuflexions à chaque fois qu'elle passait la porte. Mon grand-père, en la voyant, se marrait gentiment. "Oh ! Henriette, à force de saluer les "duettistes" tu finiras par te casser les genoux ! Et quand tu seras dans le plâtre, tu ne pourras plus te plier en deux devant eux pour qu'ils te soignent les articulations !".
Tiens, à propos de Henriette, en pensant aux anecdotes que je viens d'écrire sur Gabin, une histoire me revient à l'esprit. Un célèbre journal écrivit un article entier sur le

long mariage de Fernand et de Henriette. Comme ma grand-mère ne se montrait pour ainsi dire jamais, ils choisirent cette accroche pour la première page "La femme cachée de Fernandel" en haut, complétée par une photo de ma grand-mère en bas. Pour faire vendre, les libraires avaient plié le journal et, sur leurs stands, on ne voyait évidemment que le titre choc. Gabin passa en voiture devant un kiosque et lut "la femme cachée de Fernandel "." Merde ! Coco a fait une connerie ! "Il pila net au feu vert et provoqua un accident au beau milieu des grands boulevards parisiens. Après découverte de la supercherie, il téléphona à mon grand-père. "Tu peux te vanter d'avoir ruiné ma voiture avec un bout de papier, Coco."

Les routes des Gabin et des Fernandel se sont encore croisées ensuite. Avec Franck d'abord. En 1966, Gabin tournait les intérieurs de "Au soleil des voyous" aux studios de Boulogne-Billancourt. Endroit culte que Christine Bruneau, maire-adjointe de Boulogne, et guide de charme pour l'occasion, m'a fait visiter dernièrement. Franck y enregistrait en même temps un show télé sur un autre plateau. Sachant que Gabin était dans sa loge, il va le saluer. Il tape à sa porte. "Qui c'est ?", demande Gabin. Un "qui c'est" qui aurait fait fuir n'importe quel curieux. "C'est Franck, Jean." "Ah, alors entre môme !" Ils échangent leurs points de vue de la journée.

"Tu sais môme, je tourne avec Robert Stack - célèbre acteur américain qui s'illustra notamment dans la série noire "Les incorruptibles".

"Et alors ? Ca doit être génial", s'enthousiasme Franck.

"Ouais… enfin tu sais, il est un peu spécial l'Amerloque !"

Sur ces entre-faits, Franck quitte la loge. Au bout du couloir, il voit soudain Robert Stack en personne. Une montagne qui remontait son pantalon en sortant des cabinets où, l'espace d'un instant, son statut de vedette devenait bien dérisoire. Le colosse aperçoit mon père. Naturellement, Stack ne connait pas Franck Fernandel, mais le micro-cravate que celui-ci porte à la boutonnière trahit son statut d'artiste. Entre gens du même métier ! Stack s'approche de Franck : "Hey ! How do you do ? Hello, man", avant de lui filer une claque amicale mais non moins énergique dans le dos. Sous l'impact, Franck traverse une bonne partie du couloir des loges et se cogne la tête contre la porte de Gabin qui répond "Qui c'est ?" "Euh… C'est Franck !" "Ah, encore ? Entre môme" Franck s'exécute.

"Eh ben, môme, qu'est ce qui se passe ?"

"Désolé, mais c'est Stack qui…"

Sans le laisser finir Gabin trancha : "Ah, tu vois ! Je te l'avais dit qu'il était spécial cet Amerloque." Sens de la réplique.

En 1976, Pierre Cordelier prépare un hommage télévisé consacré à Fernandel : "Mon père Fernand Contandin". Le titre laisse deviner le fil rouge : Franck, bien sûr. De nombreuses personnalités et amis apportent leurs témoignages, relatent des anecdotes. Il ne manque que Gabin. Cordelier le contacte une fois le concept bouclé. Il a droit à une réponse claire : "Non, non, ça je fais pas. Si c'est pour dire des conneries sur Coco, demandez à quelqu'un d'autre." Cordelier, dépité, contacte Franck. Mon père glisse l'idée d'une interview qu'il mènerait lui-même. Cordelier recompose le numéro de Gabin qui a ces mots que seule la simplicité peut rendre magnifique : “Ah ! Si c’est pour le môme, ça change tout. Quand ?” Mon père monte à Paris et enregistre avec Gabin. Une seule prise à trois caméras a suffi pour ponctuer l’émission d’un échange tendre. Deux jours après, dans son appartement parisien, Franck répond au téléphone. Au bout du fil, Jean-Pierre Foucault annonce, hésitant, à son ami que Gabin vient de s’éteindre.

Plus tard, bien plus tard, Florence Moncorgé-Gabin réalisa le clip d’une chanson que j’avais “massacrée” à huit ans. Il fallait bien tout le talent de Florence pour sauver la mièvrerie de cette chanson pseudo-écologiste par de sublimes images en 35 millimètres. Pourtant, ce clip reçut à l’UNESCO dans les années 90, le Prix de l’Oeuvre Humanitaire. A mon sens, j’aurais rendu un service encore plus grand à l’humanité, en me contentant de chanter sous ma douche. Pour en revenir à la famille Gabin, nous prenons périodiquement des nouvelles les uns des autres. J’ai encore eu récemment Mathias au téléphone, le fils de Gabin, un type adorable. Jean-Paul, le petit-fils de Jean, m’a dit qu’il avait fait ses premiers pas dans la comédie. Qui sait, peut-être qu’un jour nous échafauderons un projet ensemble autour d’une bonne table. Ou sur un pédalo !

CHAPITRE 23

Jamais sans lui

Quand on se balade dans Marseille, comme vous commencez à le comprendre, il n'est pas rare de rapporter chez soi d'excellentes histoires à raconter. Mais il n'est pas toujours utile de se déplacer. Il arrive parfois que les anecdotes viennent frapper à votre porte. L'été dernier, on sonne au portail des "Mille Roses". Je vais ouvrir. En tirant le portillon d'entrée, je tombe face à deux femmes brushées et blushées, en tenue de gala. Je précise qu'il était 17 heures et que le soleil, à cette heure-ci, est difficile à supporter. La double couche de pancake dont elles s'étaient tartinées la tronche à la truelle, leur coulait jusqu'aux chevilles. Une des deux femmes me demande : "Bonsoir Monsieur, c'est bien ce soir qu'on inaugure le Musée Fernandel ?" Je songeais plutôt à exposer ces braves dames au Musée Grévin en posant un regard amusé sur leurs décolletés pigeonnants. Bref, il fallait bien que je leur avoue qu'il n'y avait pas plus de musée Fernandel que d'inauguration. "Ah ! Si Monsieur, réplique l'autre, voici nos invitations privées." Elle me tend alors deux morceaux de papiers rédigés à la main, confirmant leurs dires. Perplexe, je leur demande où elles ont eu ça. "Eh bien, c'est le président du musée. Il nous a donné nos invitations à l'arrêt de bus de Saint-Barnabé." Pour elles, l'arrêt de bus de Saint Barnabé, c'était "le Martinez" à Cannes. Et ce président, c'était le fameux fada du quartier. Le bon moment qu'elles m'ont fait passer, leur a valu un coup à boire sur la terrasse.

En été, les "Mille Roses" ont des allures de files d'attente du Louvre. Combien de touristes sonnent simplement pour prendre la façade en photo ou pour demander timidement à enregistrer deux plans du jardin avec leur caméscope. Des Français, bien sûr, mais aussi des Belges, des Sénégalais, des Anglais… qui viennent parfois spécialement à Marseille pour visiter la maison de Fernandel. Comme certains partent en pèlerinage à la Mecque ou à Lourdes.

Un jour, une famille entière a emporté une poignée de gravier dans un sachet en plastique. On ne peut pas décevoir ces anonymes. Si on a le temps, on leur offre l'apéritif. Et certains ne veulent plus partir.

J'ai du mal à comprendre cette fascination que Fernandel exerce encore sur un public qui n'est pas forcément de sa génération. Peut-être parce que mon grand-père, en s'illustrant dans des rôles populaires, finit par être un ami proche. Presque un parent que beaucoup aimerait avoir. J'essaye de percer ce mystère mais je ne pense pas avoir assez de recul pour ça. Fernandel, je l'appelle "grandpapa", un point c'est tout. Mais le phénomène qui m'époustoufle encore davantage, c'est le comportement des gens vis-à-vis de Franck et de moi. L'affection qu'ils portent à mon grand-père se répercute sur nous. Sans que cela paraisse anormal. Par rapport à mon père, cela ne m'étonne pas. Il a un passé, une carrière. Quand on l'aborde, on lui lance : "Oh Franck ! Comment tu vas mon beau ?", "Ah ! L'amour interdit…", ou encore "J'ai vu votre père dans la "Soupe à l'huile", avec Bourvil" au lieu de "La cuisine au beurre". Mais moi dans tout ça ? Sans aucune prétention, il faut assister à certains témoignages de sympathie à mon égard pour y croire. Pourquoi ? Question ouverte. Quoi qu'il en soit, cela m'a appris que porter un tel nom impose des responsabilités qu'on ne choisit pas mais avec lesquelles il faut composer tous les jours. Sans pour autant trahir sa personnalité en s'embourbant dans les sables mouvants du passé.

Les "Mille Roses" ne sont pas un mausolée glauque où, chaque soir, je me prosterne devant la soutane mitée de Don Camillo en traçant des pentacles au sol pour invoquer les esprits. Mon grand-père est enterré au cimetière de Passy à Paris. Son corps n'est pas embaumé dans un sarcophage en Egypte.

Malgré cela, certains événements échappent à notre logique et démolissent en un clin d'œil toute rationalité. Quand mon grand-père est mort, la 2CV avec laquelle il se rendait à Carry était garée dans le jardin des "Mille Roses". Un soir, les phares s'allument, les essuies-glaces battent le pare-brise. Voiture condamnée, sans clefs sur le contact. Plus incroyable encore, un après-midi où j'accompagnais mes parents à Clermont-Ferrand à bord de la BMW qui appartenait à Henriette. Franck se rendait à un gala. Son régisseur conduisait. Il était 17 heures et le trafic était très dense. Sur l'autoroute, à 120 km/h, un pneu arrière éclate dans un boucan apocalyptique. La BMW dérape depuis la file de gauche, traverse l'autoroute et s'encastre, par le coffre, sous la barrière de sécurité de droite. Dans l'ordre logique des choses, la voiture aurait dû être percutée de toutes parts et non pas traverser, en faisant trois tours, une autoroute saturée de bolides lancés à fond la caisse, sans être touchée. Nous n'avons pas eu une seule égratignure. C'était le 8 mai 1991. Le jour anniversaire de la naissance de mon grand-père.

Vous pensez que ce sont des fadaises ou de l'ésotérisme de troisième zone ? Ca n'engage que moi, je crois en ces signes. Ma petite sœur, Manon, est très imprégnée par ce genre de choses. Elle développe au fil du temps un sens aigu de clairvoyance. Elle distille dans ses paroles de gosse un mot, une image, une sensation, qui soudain vous percute. Je préfère ne pas tout vous raconter. Vous auriez des frissons dans le dos.

Enfin, si jamais vous décidez de m'envoyer un car de psychiatres ou simplement de faire un crochet par Marseille lors d'un séjour méridional, passez par les " Mille Roses ". Vous verrez, cette propriété vous évoquera une bande dessinée d'Astérix. Un village d'irréductibles Marseillais qui résistent encore et toujours à l'envahisseur que l'on appelle chez nous la "sinistrose" !

CHAPITRE 24

Des roses, des épines et moi...

A chaque anniversaire de son épouse, mon grand-père la gâtait avec de somptueuses roses. Qu'il faisait livrer par un fleuriste ! Il aurait très bien pu, me direz-vous, les cueillir lui-même dans son jardin, mais sa maladresse chronique l'exhortait à s'abstenir. Tous les bouquets qu'il offrait à Henriette comptaient autant de fleurs que ma grand-mère avait traversé de printemps. Joli symbole.

Si l'amour de Fernand et Henriette n'a cessé de s'enivrer du parfum des roses, mes parents, eux, ont brutalement écorché le leur avec les épines. Au départ, de petites entailles anodines qu'on pense soigner plus tard, en laissant les vertus du temps agir. Jusqu'au jour où on se plante dans le doigt une épine plus perverse que les autres. Ma mère a quitté les "Mille Roses". En fait, je l'ai chassée. J'ai fait l'erreur de prendre parti dans un conflit qui provoquait sur moi des dommages collatéraux mais n'était pas de mon fait. A 14 ans, on ne sait pas définir ce qu'est une “erreur”. On remplace instinctivement ce mot par “nécessité”. Nécessité de trouver sa place immédiatement dans un contexte où l’on a l’impression que les parents désertent leur poste. L’admiration que je vouais à mon père l’a emportée. J’ai rejeté toutes les fautes sur ma mère. Des fautes que la tristesse intérieure vous font parfois inventer en nourrissant une haine que tous les moyens sont bons pour justifier et entretenir.

Lorsque j’ai vu ma mère passer le portail, je me suis dit “ça y est, tu as fait le bon choix ! Maintenant, ton père est libéré et on va se construire notre vie à nous. Il va sortir de ses problèmes et dans les coups durs, tu seras là pour le soutenir”. A partir de ce moment, Franck devint mon unique pilier affectif. Un de mes repères les plus solides.

J’ai assumé tout de suite la cassure avec ma mère qui était depuis longtemps consommée. Je ne m’inquiétais pas pour mon sort car je savais que j’avais assez de force pour Franck et moi. Mais nous fûmes soudain submergés de problèmes. Nous n’avions plus beaucoup d’argent en banque. Car mes parents avaient fait de mauvais placements. Une période de vache maigre ? De vache éthiopienne oui ! Jusqu’à 13 ans, j’avais vécu dans une opulence incroyable. Malgré le train de vie que nous menions, tout ça m’a toujours paru accessoire. J’étais persuadé que tout, au final, était trop parfait pour relever du domaine de l’acquis. J’ai très vite compris. Cette opulence nous déconnectait de la réalité et était fille de l’inconscience.

Franck, de son côté, a tout fait pour ne pas me priver d’une éducation décente. Il s’est remis à travailler comme un dératé. Galas, dédicaces, jury, il acceptait tout ce qu'on pouvait lui proposer. Il lui est même arrivé de faire des signatures dans des supermarchés minables, entre les étalages de tomates et le stand des poissons. Qu'importe, il se démenait pour son fils et renflouait les caisses par toutes les moyens.

Moi, quand je n'allais pas à l'école, je le suivais partout. Et on riait ensemble. A en pleurer. On a appris à se connaître comme aucun père et aucun fils n'auraient pu le faire en temps normal. Mon père m'a construit, a forgé ma culture musicale, cinématographique. C'est à lui que je dois une grande partie de mes goûts, de mes idoles. Je me nourrissais de ses gestes. Je m'imprégnais de ses attitudes. Je m'émerveillais du récit de sa vie, autour des repas pris tard le soir, même si on devait quelques fois se contenter d'un plat de pâtes. Qui prenaient une saveur particulière…

Ces années noires furent paradoxalement les plus formidables de toute ma vie. Nous dépassions tout. La fortune et la gloire se révélèrent obsolètes. Nous basions notre quotidien sur l'essentiel : les sentiments, la seule chose que rien ni personne ne pouvait nous prendre. Les limites réductrices de la traditionnelle relation père-fils volèrent en éclats. Franck devint un ami avec lequel on évoquait, sans tabous, tout ce qui nous passait par la tête. Nous n'avons pas hypothéqué notre vie l'un pour l'autre. On a embelli un drame pour s'aimer avant qu'il ne soit trop tard. Sans tomber dans une mièvrerie misérabiliste ou dans des effusions pleurnichardes.

Depuis cette période, de nombreuses évidences se sont imposées à moi. Le nom de Fernandel, aussi magique soit-il, ne se mange pas en salade ! Son aura ne protège de rien. Le revers de la médaille vous expose constamment si vous faites le moindre faux pas. Certes il peut vous ouvrir des portes, mais il faut alors redoubler d'ardeur pour que ces portes ne vous claquent pas à la gueule. Je l'ai touché du doigt pour l'affirmer. Garder sa place et se servir de sa notoriété à bon escient, ça s'apprend. Beaucoup d'envieux portent plus d'intérêt à lire en première page " La ruine des Fernandel ", alors que les faits divers relatent, entre autres, la profanation de synagogues orchestrée par de furieux groupuscules néo-nazis. Quand on peut se délecter des "choux gras" people, les vrais drames des anonymes servent à éplucher les pommes de terre.

On reconnaît aussi très vite les gens qui vous apprécient pour votre personnalité. Pour ce que vous véhiculez. Dans le creux de la vague, une chaîne d'amitié se créa autour de nous. D'amis et d'inconnus. Les amis, je ne les ai pas tous cités, mais je n'en oublie aucun. Il y eut aussi cette famille qui est devenue un peu la nôtre, celle de Christiane Py, une dame qui se dévoua corps et âme pour nous. Sans jamais rien demander en retour. Les inconnus, ce sont les gens qu'on croise dans la rue, ceux qui nous écrivent, le boulanger qui nous offre une baguette supplémentaire. Dans ces cas-là, on peut jauger exactement le pouvoir du nom Fernandel. Si on ne le trahit pas, on vous le rend bien.

Quand je me suis installé à Paris, une inquiétude s'est emparée de moi. Ma mère, à qui je ne parlais plus depuis trois ans malgré ses multiples tentatives pour renouer, me manquait. Cette mère, dont j'avais fait le deuil, s'est progressivement insinuée dans mes nuits d'insomniaque. Au départ, j'occultais toutes les choses qui pouvaient me la remémorer. Mais au final, une question est devenue obsédante : "Que penserait-elle de moi aujourd'hui ? Et elle, que devient-elle ?" Je n'osais pas l'appeler, j'étais persuadé que tout cela était irréparable. Et puis je songeais à Manon, ma sœur, qui vivait avec ma mère à Menton, dans "L'Hôtel Magali", établissement tenu par Yvonne, ma grand-mère maternelle. Là où j'avais passé pratiquement la moitié de mon enfance. Je jouais envers ma sœur une comédie qui me déplaisait. Un coup de fil entre deux rendez-vous, deux-trois visites annuelles, la carte postale jointe au cadeau de Noël. Ces réalités que je commençais à comprendre, à analyser avec davantage de maturité, m'effrayaient. Renouer avec ce passé que j'avais enterré six pieds sous terre, me semblait insurmontable. Manon n'avait rien demandé et pourtant, elle trinquait mille fois plus que moi. Mais je ne me sentais pas prêt. La crainte d'un second échec l'emportait sur le courage. Je devais assumer seul cette résurgence. Face à moi-même. C'est là que j'ai compris que nous étions nous-même notre pire ennemi. Puis le temps a passé. Mes expériences se sont multipliées. Je commençais à me construire une vie pleine. Cela m'a aidé. Je me suis rapproché de ma sœur que j'appelais plus régulièrement. A laquelle j'allais rendre visite à Menton dès que je pouvais.

Jusqu'au jour où un coup de fil arriva. "Vincent ? C'est maman…" Cinq ans qu'on ne se parlait plus. Cette voix me ramena des années en arrière. Ces intonations maternelles oubliées sonnaient juste malgré tout. Alors, je suis retourné à Menton. Avec ma mère, notre premier contact fut étonnamment évident. Comme si une connexion nous avait liés pendant cet interminable silence, au milieu duquel le cœur crie sans qu'on l'entende. A moins qu'on ne veuille pas l'écouter.

L'émotion ne me déstabilisa pas. Depuis longtemps, même sans les revoir, ma mère et ma sœur étaient revenues dans ma vie à leur insu. Et à la mienne peut-être…

Que dire de Manon, sinon que nous représentons aux yeux de chacun une chance inespérée l'un pour l'autre ? Ma mère et moi ne prévoyons pas de longues explications sur les événements antérieurs. Avec Corinne, après avoir fait le brouillon de notre relation, il est temps de tout réécrire sans ratures. C'est dans nos nouveaux éclats de rire que se conjurent nos anciens éclats de voix. Corinne… Elle qui m'a attendu si longtemps comme si j'étais un soldat parti pour livrer une longue bataille avant d'en revenir vainqueur. Il est parfois bon de se retirer du combat pour reprendre ses esprits. Et éventuellement pour comprendre les raisons pour lesquelles on le mène. A un moment, je ne savais plus pourquoi j'étais en guerre contre Corinne. En tous cas, cette mère et cette sœur, dont l'éloignement m'a tant fait souffrir, ne me quitteront plus…

CHAPITRE 25

Escale aux "Mille Roses"

Une fois de plus, les cèdres bleus des "Mille Roses" ont abrité une soirée mémorable. Vers cinq heures du matin, nous avons cédé la place à la rosée qui rafraîchit la propriété. En me réveillant, j'ai trouvé un de mes amis affalé sur le gazon, un matelas pneumatique sur la tête tant il a fini "estransiné" (crevé). Moi, je me suis installé au fond d'une chaise longue sur la terrasse, et une incontrôlable langueur s'est emparée de moi. Ce genre de scène, coutumière de toutes les générations des Contandin, doit dessiner un sourire satisfait sur la tronche de mon grand-père. Je pense qu'il doit être fier de constater que, même sans lui, les "Mille Roses" ne fanent pas. Même s'il n'est pas étranger à cette ambiance qui imprègne les nuages au-dessus de la terrasse. Hier encore, le frottement de nos boules de pétanque rappelait celui des carreaux dont il avait le secret.

Au final, le "secret", la "magie", appelez ça comme vous voulez, c'est peut-être qu'il n'y en a pas. Mon grand-père s'est contenté de fonder une famille. D'exercer son métier. De gueuler souvent. De pleurer discrètement. De rire toujours. La seule différence, c'est qu'il n'a pas pu garder tout cela pour lui. Il vous l'a fait partager. On est comme ça dans ce Midi où, pour l'instant, je savoure ma "fatigue", le portail des "Mille Roses" grand ouvert…

Mes grand-parents sur la terrasse des Mille Roses (1934).

Franck et moi
(Mille Roses, 1985).

Franck et lui (Mille Roses, 1938).

Fernand, Josette, Janine et Henriette.

Tantine Margot, Henriette et Fernand.

Derrière le portail, Mille Roses autour de Fernand et Henriette.

Josette, sirène de Carry.

Un père comme les autres.

Un dimanche à la plage.

Marcel Contandin et son frère Fernand à l'âge de 15 ans.

42 ans de mariage, Marseille, 1962.

20 ans plus tard, Franck et Corinne sur les plage de Menton, 1982.

Manon, la dernière des Contandin (pour l'instant...)

Les Marc-Sined

DUETTISTES-FANTAISISTES

Issu d'une lignée d'artistes, Fernand, Joseph, Désiré CONTANDIN naît un 8 Mai 1903 à Marseille dans le quartier de la Plaine, au 73, boulevard Chave.

Il arpente très tôt les planches de la cité phocéenne sous le pseudonyme de SINED, l'anagramme du prénom de son père Denis, comptable et chanteur au caf'conc' pendant ses loisirs.

Dès 5 ans, L'ENFANT PRODIGE DU 73, remporte ses premiers applaudissements au Vieux Théâtre Chave dans des mélodrames.

Subjugué par POLIN, l'une des plus grandes vedettes du comique troupier de l'avant-guerre, Fernand SINED régale le public du Palais de Cristal sur les refrains dc Mademoiselle Rose revêtu du costume de son idole : le képi, le dolman bleu, le pantalon garance à basane et le grand mouchoir à carreaux.

Fernand exerce alors divers petits métiers dans la journée. A la Banque Nationale de Crédit, il fait la connaissance de Jean Manse qui devient son auteur fétiche de Barnabé à Simplet.

Le soir venu, tiraillé par sa vocation, Fernand voit son étoile briller au firmament de l'Odéon sur la Canebière. Comme elle, parti de son Vieux Port natal, il fera le tour de la terre.

UNE TOURNEE INSCRIT SON NOM EN HAUT DE L'AFFICHE : ovation aux Quinconces à Bordeaux, à l'Eldorado de Nice, au Majestic à Cannes, au Grand Casino Villarey à Menton, au Familia à Lille et … à Casablanca.

Sur le tournage de
"La bonne étoile"
avec Jean Manse.

Paris enthousiaste et déchaîné bisse ce comique troupier qui déclenche des rafales de rire à Bobino, RUE DE LA GAITE .

Fernandel débute une carrière discographique chez Polydor, puis chez DECCA et évolue parmi les genres les plus divers et inattendus, allant du répertoire du comique troupier aux chansons de Prévert et Scotto, aux poèmes de Jean Aicard, Miguel Zamacoïs, et Yvan Audouard, passant par les fables de La Fontaine, les contes pour enfants avec Sinbad le marin, Ali Baba et les 40 voleurs, Aladin et la lampe merveilleuse, les interdits aux moins de 18 ans, Mam'zelle Nitouche.

A son répertoire de grandes œuvres telles que les pièces de Courteline, le Petit Monde de Don Camillo de Guareschi, et les " Lettres de mon moulin " d'Alphonse Daudet que le Ministère de l'Education Nationale décide aussitôt de programmer dans les Facultés, Lycées et Collèges.

Henri Varna, découvreur de talents de l'époque, engage Le Rénovateur du Genre Militaire dans une revue intitulée " Vive le Nu ", sans se douter que sa nouvelle recrue passerait du Concert Mayol au Cinéma de Pagnol.

Le 7ème Art est en effet au rendez-vous, et viendra chercher Fernandel sur scène : Sacha Guitry et Marc Allégret lui offrent son premier rôle, celui d'un jeune chasseur vierge aux côtés de Raimu dans un film intitulé " Le Blanc et le Noir ".

" Le Rosier de Madame Husson " popularisera cette " gueule à part " aux quatre coins de l'hexagone. Le personnage d'Isidore, où passe le meilleur esprit de Maupassant, a pour partenaires Françoise Rosay et Michel Simon.

Marcel Pagnol sera le premier à révéler le talent de comédien de Fernandel en lui confiant le rôle de Saturnin dans Angèle, tiré du roman de Jean Giono " Un de Baumugnes ".

Cinq autres films immortaliseront le tandem Fernandel-Pagnol : La fille du Puisatier avec Josette Day, Topaze avec Hélène Perdrière, Le Schpountz et Regain avec Orane Demazis, Naïs adapté de l'œuvre de Zola avec Jacqueline Pagnol qui sera aussi sa partenaire dans Carnaval, mis en scène par Henri Verneuil.

Fernandel aura été convoité par les plus grands metteurs en scène : Christian Jaque, Jean Renoir, Jacques Becker, John Berry, Vittorio de Sica, Jean-Pierre Mocky, Julien Duvivier, Gilles Grangier, Henri Colpi.

BIDASSE D'OPERETTE, lieutenant dans l'armée française, Fernandel monte en grade à l'écran : dragon dans le Train de 8h47, soldat dans le Cavalier Lafleur et le Coq du Régiment, cavalier dans les Gaietés de l'Escadron, Un de la Légion dans les dunes africaines, premier des Dégourdis de la 11 ème, prisonnier français avec la complicité de Marguerite, et ordonnance au petit nom charmant.

Engagé par le Ministère de l'Education Nationale et celui de la Défense au Théâtre aux Armées, il donne des récitals sous les bombardements, pour les soldats de la ligne Maginot, à Arras, Amiens et Roubaix.

Fernandel exporte son accent sous toutes les latitudes, de la scène à l'écran : des Folies Bergères avec Mistinguett au Sporting de Monte-Carlo accompagné par Louis Frosio et ses 100 violons, de l'Empire et l'ABC à la Place des Arts à Montréal jusqu'au Carnegie Hall à New-York où il est sacré FRENCHMAN PAR EXCELLENCE.

Recordman d'audimat dans les shows télévisés du monde entier : de Perry Como et Bob Hope au Palmarès des Chansons avec Guy Lux, et champion du box-office : le film Casimir est projeté dans les 17 salles de Moscou, Don Camillo demeure l'un des chefs d'œuvre du cinéma, les films de Pagnol sont portés aux nues par la presse d'outre-atlantique, applaudis à Broadway et récompensés par Hollywood, " Ali Baba aussi " séduit la Mecque du cinéma américain.

Reçu par tous les chefs d'Etat d' Auriol à de Gaulle et par Sa Sainteté le Pape Jean XXIII, décoré de la Légion d'Honneur et de la médaille d'Or du mérite civique, citoyen d'Honneur de Carry-le-Rouet et de la Ville de Cassino en Italie.

Chevalier des Arts et des Lettres, Chevalier du Mérite et de la Courtoisie, Grand Prix de l'Académie du Disque en France et en Chine, Orphée d'Or du disque lyrique, Super-Bravo du Music-Hall, Oscar européen de la Popularité, Prix Orange décerné à l'acteur le plus coopératif par l'ensemble de la presse à la fête du Citron à Menton, Grand Prix du Cinéma Français, Monsieur Loyal sur la piste du Cirque d'Hiver au Gala de l'Union des Artistes chez Bouglione, Freddy le Clown sous le maquillage d'Auguste au Théâtre des Variétés, Fernandel parle toujours le langage du cœur :

« Si je suis ce que je suis, je le dois à ma femme et à notre amour ».

Ecrit par Corinne Contandin

De la cuisine au beurre à la cuisine de Fernand...

Anchoïade des «Mille Roses»

Expliquée par Fernandel à Tina son habilleuse et sa cantinière. (Extrait des notes personnelles de mon grand-père)
5/6 personnes
temps de préparation : 15 mn
temps de cuisson pour la sauce : 3 à 4 mn

- Ingrédients

Le panier de crudités (selon le marché) : 4/5 carottes fane, 2 endives, 1 céleri branche, 1 paquet de cébettes, 1 poivron, 6 champignons de Paris, 1 betterave, 2 fenouils, 1 botte de radis, 2 artichauts poivrade, 1 petit choux-fleur, 4 œufs.

- La Sauce

7/8 anchois au sel (de préférence ceux de Banyuls), 25 à 30 g. de beurre, 1 dl d'huile d'arachide, 2 cuillères de crème fraîche épaisse, 6 à 10 gousses d'ail rose, poivre.

- Préparation

• D'abord, tu choisis de belles carottes, que tu pèles, que tu coupes en deux ou en quatre (si tu es courageuse !), mais toujours dans le sens de la hauteur.

• Pour les endives et le cœur de céleri, c'est pareil, tu les coupes en 4 (comme les cheveux !). Tu mets de côté quelques belles branches de feuilles bien vertes mais ne sois pas fadade*, retire les fils.

**Fadade : idiote*

• Après, tu épluches les cébettes et tu tailles la partie verte en deux. Et maintenant le pébron*. Là méfi* : tu tailles en lamelles d'un centimètre (ni plus, ni moins) après avoir enlevé les pépins. Les champignons, ne les épargne pas, pèle leur la tête et coupes les morceaux sableux de leur queue. Et pour éviter qu'ils ne noircissent, plonge les de suite dans de l'eau au jus de citron.

• La betterave, tu la coupes en gros dés tout simplement. Après, tu dégages le cœur des fenouils et tu les coupes en quatre.

• Pour les radis, sois tendre. Lave-les mais ne coupe surtout pas les feuilles. Tu tailles les radis en quatre, tu les trempes dans de l'eau arrosée de gros sel. Et là, tu vas voir que les légumes vont s'ouvrir comme un bouquet de roses.

• Maintenant, laisse les radis, tu as encore du travail. Tu prends des artichauts (des poivrades, pas n'importe lesquels !). Tu les coupes en quatre, tu coupes le haut des feuilles et tu enlèves la barbe du cœur. Après, les artichauts rejoignent les champignons dans l'eau citronnée.

• Tu me prends le choux-fleur et tu me le tailles en bouquets. Les œufs, tu me les fait durcir, tu m'enlèves la coquille et tu me les coupes en deux (facile !).

**Pébron : poivron*
**méfi : attention*

Maintenant, prends tous les légumes, tu les laves, tu les essuies, tu les enveloppes avec soin dans un torchon bien propre (à carreaux, si possible... c'est plus joli !).

• Tu remets un peu de citron sur les artichauts et sur les champignons. Dans le saladier, tu laisses tranquilles les carrés de betterave.

• La sauce, c'est ce qui va faire la différence. Alors, on arrête de rigoler.

• Tu passes les anchois au sel (pas les anchois des tropiques, hein ! Mais ceux de Banyuls, ce sont les meilleurs !) sous l'eau, tu vires l'arrête centrale et tu mets les anchois à dessaler dans l'eau mariée avec du vinaigre de vin.

• Pendant ce temps, tu fais gentiment chauffer l'huile dans la poêle et dès que ça frémit, tu y mets les gousses d'ail en chemise, que tu auras bien écrasées avec la main. Mais tu gardes un œil dessus, pour pas que l'ail noircisse.

• Quand l'ail est bien doré, enlève lui la chemise et écrase la gousse à la fourchette tout simplement et laisse de côté dans une assiette. Ne vas pas me jeter l'huile mais laisse la refroidir pour après.

• Tu retires les anchois du vinaigre. Et là, pas de pitié, tu m'en fais une purée toujours avec la fourchette. Tu mélanges ça avec la purée d'ail et tu m'en fais une sorte de pommade. Tu mets le tout dans l'huile que tu fais chauffer tout doucement sans t'arrêter de tourner.

• Quand tu vois que tout est bien mélangé, tu ajoutes le beurre et un peu de poivre, toujours à feu doux. Après, dès que ça devient crémeux, envoie les deux cuillères de crème fraîche mais sans faire bouillir. Par contre, ne t'arrête pas de remuer ! Après, tu verses la sauce tiède dans un bol.

• Tu installes bien les crudités dans un grand panier, comme une farandole, posées sur un lit de roquette de la pinède*. Les betteraves, bien sûr, tu les laisses dans leur Tian*.

Pite* quelques légumes dans le panier et régale -toi en les espompissant* dans la sauce.

**Pinède : salade sauvage de Provence*
**Tian : pot de terre provençal*
**Pite : prends*
**Espompissant : trempant*

A présent, c'est moi qui vais passer en cuisine pour préparer un plat qui a fait ma renommée auprès de mes amis parisiens ! Une recette qui aurait sûrement fait la joie de mon grand-père : les Pâtes Aioul, à la « mienne de manière », comme on dit dans le Midi. A charcler* sous une tonnelle en bord de mer, ou aux petites heures du matin après "avoir baisé Fanny*".

Les Pâtes Aioul

(3/4 personnes)
Temps de préparation : 10 mn
Temps de cuisson : 3 à 8 mn selon la qualité des pâtes

- Ingrédients

250 à 500 g. de spaghettis, 6 à 10 gousses d'ail, huile d'arachide, huile d'olive, parmesan, 1 bouquet de sauge fraîche, 1 poignée de gros sel.

- Préparation

• Porter à ébullition 3 litres d'eau avec le gros sel, le bouquet de sauge, et deux gousses d'ail en chemise écrasées à la main.

• Plonger les spaghettis et surveiller la cuisson pour qu'ils soient bien "al dente".

• Pendant ce temps, faire frire les 6 à 8 gousses d'ail dans l'huile d'arachide, surveiller également leur cuisson pour obtenir un ail bien doré et croustillant.

• Mettre cette préparation de côté.

• Dès que les spaghettis sont cuits, les passer.

• Effeuiller le sauge.

• Faire tiédir la sauce (1 minute).

• Verser les pâtes dans un plat, et la sauce (huile, ail et sauge).

• Ajouter une cuillère à soupe d'huile d'olive. Saler, poivrer au moulin. Mélanger.

Servir sans attendre avec du parmesan râpé à la main.

**Charcler : manger*

**Avoir baisé Fanny : perdre à la pétanque*

Le Rosé d'HENRIETTE

La Niasquade au goulot

Temps de préparation : 3 mn

Temps de macération : 24 à 48 h.

- Ingrédients

1 litre de vin rosé de Provence ou de Lacrima Christi (vin italien favori de Fernand et Henriette), 3 abricots bien mûrs avec leur noyau, 1 gousse de vanille Bourbon.

- Préparation

• Verser le vin dans une carafe.

• Ajouter les abricots coupés en quatre, les amandes contenues dans les noyaux que vous aurez préalablement cassés avec un marteau, et la gousse de vanille fendue en deux dans le sens de la longueur.

• Laisser macérer au frais une heure ou deux.

• Servir en apéritif dans de grands verres avec le fruit et l'amande. Ôter la gousse de vanille.

• Ajouter une feuille de menthe.

Liste des Films
longs et courts métrages
tournés depuis décembre 1930

Cahier tenu par Fernandel

1930 – Le Blanc et le Noir – G.F.
1930 – La Meilleure Bobonne – P.F.
1931 – J'ai quelque chose à vous dire – P.F.
1931 – Attaque nocturne – P.F
1931 – On purge Bébé – G.F.
1931 – Vive la Classe – P.F
1931 – Cœur de Lilas – G.F.
1931 – La Fine Combine – P.F
1931 – Pas un mot à ma femme – P.F
1931 – Bric à Brac et Cie – P.F.
1931 – Paris Béguin – G.F.
1931 – Le Rosier de Mme Husson – G.F.
1931 – La Veine d'Anatole – P.F.
1932 – Maruche ou 13 à Table – P.F.
1932 – Un homme sans nom (Berlin) – G.F.
1932 – Les Gaîtés de l'Escadron – G.F.
1932 – Pas de Femmes – G.F.
1932 – La Claque – P.F.
1932 – Par Habitude – P.F.
1932 – Quand tu nous tiens. amour – P.F
1932 – Le Jugement de Minuit – G.F.
1932 – Ca Colle – P.F.

Marc Allegret	Paris
Marc Allegret	"
Marc Allegret	"
Marc Allegret	"
Jean Renoir	"
Maurice Cammage	"
Anatole Litvak	"
André Chotin	"
André Chotin	"
André Chotin	"
Augusto Génina	"
Bernard Deschamps	"
Maurice Cammage	"
Robert Péguy	"
Gustav Ucicky	Berlin
Maurice Tourneur	Paris
Robert Péguy	"
Robert Péguy	"
Maurice Cammage	Nice
Maurice Cammage	"
Alexandre Esway	Paris
Christian Jaque	"

1932 -	Une femme piquante	P.F.
1932 -	Ordonnance malgré lui	P.F.
1932 -	Un beau jour de noce	P.F.
1933 -	La Terreur de la Pampa	G.F.
1933 -	Le Coq du Régiment	G.F.
1933 -	Lidoire	G.F.
1933 -	L'Ordonnance (Guy de Maupassant)	G.F.
1933 -	D'amour et d'Eau fraiche	G.F.
1933 -	Adémaï aviateur	G.F.
1933 -	La Garnison amoureuse	G.F.
1934 -	Une nuit de folie	〃
1934 -	Chéri de sa Concierge	〃
1934 -	L'Hotel du Libre Echange	〃
1934 -	Le Train de 8 h. 47	〃
1934 -	Angèle	〃
1934 -	Les Bleus de la Marine	〃
1934 -	Le Cavalier Lafleur	〃
1934 -	Ferdinand le Noceur	〃
1935 -	Jim la Houlette	〃
1935 -	Les Gaîtés de la Finance	〃
1936 -	Un de la Légion	〃

Serge de Poligny	Paris
Maurice Cammage	″
Maurice Cammage	″
Maurice Cammage	″
Maurice Cammage	″
Maurice Tourneur	″
Tourjanski	″
Felix Gandéra	″
Jean Tarride	″
Max de Vaucorbeil	″
Maurice Cammage	″
Guarino Galvani	″
Marc Allegret	″
Henri Wuchleger	Bar le Duc et Paris
Marcel Pagnol	Marseille
Maurice Cammage	Toulon et Paris
Pierre Bucis	Chalon s/Marne et Paris
René Sti	Paris
André Berthomieu	″
Jack Forrester	″
Christian Jaque	Algerie. Nice. Marseille et Paris

1936 - Josette

1936 - François Ier

1937 - Les Dégourdis de la Onzième

1937 - Ignace

1937 - Regain

1937 - Le Schpountz

1937 - Les Rois du Sport

1937 - Un Carnet de Bal

1937 - Hercule

1938 - Barnabé

1938 - Fricoche et Cacolet

1938 - Ernest le Rebelle

1938 - Raphaël le Tatoué

1938 - Les Cinq sous de Lavarède

1939 - Berlingot et Cie

1939 - Fric-Frac

1939 - L'Héritier des Mondésir

Départ mobilisation

1940 - L'Acrobate

1940 - Monsieur Hector

Christian Jaque	Paris
Christian Jaque	"
Christian Jaque	"
Pière Colombier	"
Marcel Pagnol	Marseille
Marcel Pagnol	Marseille
Pière Colombier	Marseille et Paris
Julien Duvivier	Paris
Alexandre Esway	Cassis et Paris
Alexandre Esway	Paris
Pière Colombier	"
Christian Jaque	Nice
Christian Jaque	Nice
Maurice Cammage	Marseille et Paris
Fernand Rivers	Marseille
Maurice Lehmann	Paris
Albert Valentin	Berlin
Jean Boyer	Nice
~~Jean Boyer~~ Maurice Cammage	Mégève et Nice

1940 - La Nuit merveilleuse
1940 - Le Chapeau de paille d'Italie
1940 - Une vie de Chien
1940 - La Fille du Puisatier
1940 - Les Petits riens
1941 - Le Club des Soupirants
1942 - Simplet
1942 - La Bonne Etoile
1942 - Ne le Criez pas sur les toits
1943 - La Cavalcade des heures
1944 - Adrien
1945 - Le Mystère Saint-Val
1945 - Naïs
1945 - Les Gueux au Paradis
1946 - L'aventure de Cabasson
1946 - Petrus
1946 - Coeur de Coq
1946 - Escale au Soleil
1947 - Emile l'Africain
1948 - Si ça peut vous faire plaisir
1948 - L'armoire volante

Jean-Paul Paulin	Marseille
Maurice Cammage	"
Maurice Cammage	"
Marcel Pagnol	"
Raymond Leboursier	"
Maurice Gleize	Nice et "
Fernandel	Nice
Jean Boyer	Route de Carry et Paris
Daniel Normay	Marseille
Yvan Noë	"
Fernandel	Paris
René le Hénaff	"
Marcel Pagnol	Marseille
René le Hénaff	Nice
Gilles Grangier	Marseille
Marc Allégret	Bâle (Suisse)
Maurice Cloche	Marseille
Henri Verneuil	"
Robert Vernay	Paris
Daniel Normand	Marseille
Carlo Rim	Paris

1949 - L'Héroïque Mr Boniface
1949 - On demande un assassin
1949 - Botta e Risposta
1950 - Casimir
1950 - Meurtres
1950 - Tu m'as sauvé la vie
1950 - Uniformes et grandes manœuvres
1950 - Topaze
1950 - Boniface Somnambule
1951 - Adhémar
1951 - L'Auberge Rouge
1951 - La Table aux Crevés
1951 - Le Petit Monde de Don Camillo
1952 - Coiffeur pour Dames
1952 - Le Fruit défendu
1952 - Le Boulanger de Valorgue
1952/53 - Le Retour de Don Camillo
1953 - Carnaval
1953 - L'Ennemi Public N° 1
1953 - Mam'zelle Nitouche
1954 - Le Mouton à 5 pattes

Maurice Labro	Paris
Ernest Neubach	Nice
Mario Soldati	Paris
Richard Potier	"
Richard Potier	Marseille et Paris
Sacha Guitry	Paris
Le Hénaff	Aix et Marseille
Marcel Pagnol	Paris
Maurice Labro	"
Fernandel	Nice
Claude Autant-Lara	Aix les Bains. Paris
Henri Verneuil	Marseille
Julien Duvivier	Brescello (Italie) Rome
Jean Boyer	Paris
Henri Verneuil	Arles et Paris
Henri Verneuil	Midi et Paris
Julien Duvivier	Rome (Italie) Brescello
Henri Verneuil	Marseille
Henri Verneuil	Paris et (New-York)
Yves Allégret	Paris
Henri Verneuil	Vaison et "

1954 - Ali-Baba
1954 - Le Printemps, l'automne et l'amour
1955 - La grande bagarre de Don Camillo
1955 - Don Juan
1956 - Le Couturier de ces Dames
1956 - Honoré de Marseille
1956 - Quatre pas dans les nuages
1956 - L'Homme à l'imperméable
1957 - Sénéchal le Magnifique
1957 - Paris-Holyday
1957 - Le Chomeur de Clochemerle
1957/58 - La Loi, c'est la loi
1958 - La vie à deux.
1958 - Les Vignes du Seigneur
1958 - Le Grand Chef
1959 - Le Confident de ces Dames
1959 - La Vache et le Prisonnier
1960 - Cresus
1960 - Le Caïd
1960 - Cocagne
1961 - Dynamite Jack

Jacques Becker	(Maroc) Taroudant
Gilles Grangier	Montélimar et Paris
Carmine Gallone	(Italie) Rome et Brescello
John Berry	(Espagne) Madrid
Jean Boyer	Paris
Maurice Regamey	Midi et Marseille
Mario Soldati	" "
Julien Duvivier	Paris
Jean Boyer	"
Gerd Oswald	"
Jean Boyer	Midi et Marseille
Christian Jaque	{Montecassino (Italie) Venafro Rome
Clement Duhour	Paris
Jean Boyer	"
Henri Verneuil	"
Jean Boyer	Rome (Italie)
Henri Verneuil	Munich (Allemagne)
Jean Giono	Forcalquier
Bernard Borderie	Paris
Maurice Cloche	Arles et Paris
Jean Bastia	Aix et Paris

1961 _ Le Jugement Universel
1961 _ Don Camillo, Monseigneur . . .
1961 _ Cet Imbécile de Rimoldi
1962 _ Avanti la Musica
1962 _ Le diable et les 10 Commandements
1962 _ Le Voyage à Biarritz
1963 _ Blague dans le Coin
1963 _ Le Bon Roi Dagobert
1963 _ La Cuisine au Beurre
1964 _ Relaxe-toi, Chéri (Le Complexe de Philemon)
1964 _ L'Age Ingrat GAFER
1965 _ Don Camillo en Russie
1965 _ La Bourse et la Vie

Vittorio de Sica — Naples (Italie)
Carmine Gallone — Rome. Bresillo (Italie)
Leo Joannon — Rouen et Paris
Sergio Leone et Georgio Bianchi — Rome
Julien Duvivier — Paris et Mont Dore
Gilles Grangier — Londres, Provence et Paris
Maurice Labro — Paris et alentours
Pierre Chevalier — Paris et Rome
Gilles Grangier — Martigues et Paris
Jean Boyer — Paris
Gilles Grangier — St Mandrier et Paris
Luigi Comencini — Rome et Parme
Jean Pierre Mocky — Paris et Toulouse

1966 - Le voyage du père - Denys de la Patellière

1967 - L'homme à la Buick - Gilles Grangier

1969 - Heureux qui comme Ulysse - Henri Colpi

1970 - Don Camillo et les contestataires - Christian Jaque
(achevé par Mario Camerini - 1971)

Complément filmographique de l'éditeur.

Quelques remerciements sincères à :

Mariella Madonna,
pour avoir réservé à l'équipe une place de choix
parmi ses astres.

Guy Hannion,
le soleil de Miami Beach
qui fit fondre nos embûches grâce à sa gentillesse.

Sandrine Buzzi,
la germano-parisienne qui mit son
sourire éclatant à notre disposition...
toujours à midi pile !

Alexandrine,
le côté doux de la censure.

Bernard Badaut,
l'élégance du professionnalisme.

Olivier Benizeau,
pour son amicale collaboration.

Jacques Zylberstein et Martine Bogliotti,
pour leurs bons soins.

Le petit monde du groupe F.O.I.

Cyrill Vachon et son équipe.

Véronique et Henri Tolone, Marc Avelot.

Pascale et Julie,
pour leur multitour.

Le clin d'œil du Bougnat Lover
dans les couloirs du Prince de Galles.

Tata Rantanplan avec A.R.

sans oublier : mes "tontons" Tempesti, Martino, Claude Blanc et Bonbon ainsi que
Akila Assas pour m'avoir accordé son indéfectible soutien et quelques faveurs d'Allah.

TABLE DES CHAPITRES

CRÉDITS PHOTOS

1ère de couverture : Raphaël GATTI
4ème de couverture : Charles-Axel VOLLARD

Arbre Généalogique : Paul COPPEL

Cahier n°1 :
Photos Corinne CONTANDIN
Sauf Les Milles Roses, 126, Vincent FERNANDEL : Charles-Axel Vollard

Cahier n°2 :
« Le Figaro » : « L'acharné du Moulinet »
DR : « Le Caméra »
Georges DUDOGNON : « Toujours très élégant »
DELBOY : « La réjouissance du vainqueur »
DR : « Le repos du guerrier »
DR : « La vadrouille des producteurs »
Roger CORBEAU : « Un carreau annoncé »
DR : « Un carton assuré »
Georges DUDOGNON : « Du sur mesures ! »
DR : « Les rois du sport »

Cahier n°3 :
« le Provençal » : « Dynamite Jack »
« Samedi-Soir » : « Avec Gary Cooper »
DR : « Sur le Liberté »
DR : « De Jean Giono »
DR : « A Sergio Leone »
Lee THODY : « Complicité éternelle »
WAROLINE : Portrait Henriette Contandin
Henri MOIROUD : Henriette et Franck Contandin

Cahier n°4 :
CIVIRANI : « Un curé pas très catholique »
Léon HERSCHTRITT : « A son bureau »
DR : « Présentation au clergé »
CIVIRANI : Fernandel et Gino Cervi
DR : Fernandel et Gino Cervi en vélo
Corinne CONTANDIN : Franck Fernandel et Tonino Cervi
L. LIZON : Fernandel et Julien Duvivier

DR : « Un café pour Don Camillo »
DR : « Une poignée de mains »
DR : « Fernandel et Bob Hope »

Cahier n°5 :
Henri DAUMAN : « Arrivée à New-York, 1953 »
DR : Shirley Mac Laine
DR : Charlie Chaplin
DR : Elisabeth Taylor
DR : Sugar Ray Robinson
DR : Henri Verneuil
DR : Fernandel et Marguerite
André NISAK : Studios Decca, Paris
DR : « Sans fard à l'armée »
DR : « Prêt au combat sur scène »
Giancarlo BOTTI : « En compagnie de Franck »
DR : Gymnase à Marseille

Cahier n°6 :
B.M. BERNAND : « Avec Sacha Guitry »
DR : avec Laurent Terzieff
DR : avec Michel Galabru
Studio LIMOT : avec Françoise Arnoul
INTERPRESS : avec Jean-Pierre Marielle
DR : « Cinéma hors champ » »
« Jour de France » : « Bourvil, Fernand et Franck »
Giancarlo BOTTI : Fernandel et Franck Fernandel avenue Foch
Charles-Axel VOLLARD : Franck et Vincent Fernandel
Fausto PICEDI : « Un Marseillais à Monaco »
P. VIGNAL : Franck Fernandel
Gaëtan LUCI : Jean-Pierre Foucault et Corinne

Cahier n°7 :
DR : « Mes grand-parents sur la terrasse »

Corinne CONTANDIN : « Franck et moi »
DR : « Franck et lui »
DR : « Franck, Josette, Janine et Henriette »
DR : « Tantine Margot, Henriette et Fernand »
DR : « Derrière le portail »
DR : « Josette, sirène de Carry »
DR : « Un père comme les autres »
DR : « Un dimanche à la plage »
DR : « Avec Marcel Contandin »
DR : « 42 ans de mariage »
R. JUDLIN : « 20 ans plus tard Franck et Corinne »
Corinne CONTANDIN : Manon

Biographie : tous documents et photographies : DR

Cahier Recettes :
DR : De la cuisine au beurre
DR : Fernandel en chef cuisinier
PUBLIFOTO : Fernandel et les pâtes Aioul
SABRA : Fernandel, Le Rosé d'Henriette

Cahier Filmographie :
Photo ouverture : Henri MOIROUD

Editeur :
Jean-Pierre Taillandier, Paris

Conception graphique de l'ouvrage :
Jean-Marie Salameh

Composition et photogravure :
FOI conseil, Arcueil

Achevé d'imprimer : mars 2003

Dépot légal : mars 2003

N° d'édition : 128.0940-1

ISBN : 2-86562-112-X

Imprimé en CEE